LES MYSTÈRES

DU

MONT-DE-PIÉTÉ

PAR

ERNEST CAPENDU.

9

PARIS

ALEXANDRE CADOT, ÉDITEUR

37, RUE SERPENTE, 37.

—

LES MYSTÈRES

DU MONT-DE-PIÉTÉ.

OUVRAGES D'ERNEST CAPENDU.

Imprimerie de F. Dépée, à Sceaux.

LES MYSTÈRES

DU

MONT-DE-PIÉTÉ

PAR

ERNEST CAPENDU.

9

PARIS

ALEXANDRE CADOT, ÉDITEUR

37, RUE SERPENTE, 37.

1861

[illegible]

[illegible]

[illegible]

LES

MYSTÈRES DU MONT-DE-PIÉTÉ.

Quatrième partie.

LE FOU.

XXXI

Où Raymond se dessine mieux.

Lorsque le vicomte, le cœur gonflé de rage et de dépit, quitta le couvent de Saint-Marc, il courut plutôt qu'il ne se dirigea vers le château. Son angoisse était à son comble; il ne savait pas, en effet, ce que sa sœur avait prétendu dire à propos des ré-

vélations et de la déposition écrite et signée
de Raymond. Bien qu'il eût de la peine à y
croire, il voulait avoir à ce sujet une expli-
cation qui élucidât les ténèbres qui avaient
envahi son esprit, au sein desquels brillait
seule la conviction que l'abbesse avait tout
appris. Il se demandait en vain quels étaient
les motifs qui pouvaient diriger la singulière conduite de sa sœur, et borner sa vengeance à une simple renonciation de la part
de son frère à la main de Blanche.

A peine arrivé dans son appartement, il
fit demander Raymond qui ne s'y trouvait
pas. Il dut donc attendre le retour du valet
infidèle, au sein des tourments et des angoisses sans nombre qui lui étreignaient le
cœur. En dépit de l'assurance qu'il avait

voulu montrer, en dépit même de la passion qu'il ressentait pour la jeune fille, le
vicomte était trop ambitieux pour ne pas
abandonner ce projet d'union en échange
de son repos dans l'avenir.

Au bout d'une heure d'attente, Raymond
arriva enfin, la bouche souriante, et se
trouva en présence du visage rembruni de
son maître.

— Veille bien à ce qu'on ne nous en-
tende pas, — lui dit le vicomte en le voyant
entrer.

Raymond, qui ne comprenait rien à l'entrée en matière de son maître, vit bien qu'il
s'agissait d'un secret quelconque, et alla
s'assurer par lui-même que toutes les portes étaient bien closes, et qu'aucune oreille

indiscrète ne pouvait saisir l'entretien qui se préparait.

— J'écoute, monsieur le vicomte, — dit-il en s'asseyant sans façon.

Mais depuis longtemps, Henri de Douges avait dû souffrir les privautés familières que son confident avait usurpées peu à peu, et d'ailleurs il avait l'esprit trop occupé pour s'arrêter, en ce moment surtout, à des détails aussi mesquins.

— Je viens, — dit-il, — du couvent de Kerlédé.

— Ah! — s'écria Raymond avec le plus grand sang-froid.

— J'y ai vu ma sœur, l'abbesse.

— Est-elle bien changée?

— Suffisamment, mais cela m'importe peu. Sais-tu bien ce qu'elle m'a révélé?

— Pas encore, maître.

— Je vais te l'apprendre, — dit le vicomte avec un froncement de sourcils pareil à celui du Jupiter d'Homère.

Mais il avait beau prendre ses airs les plus terribles et les plus sombres, Raymond conservait toujours sa même physionomie calme et souriante, empreinte d'astuce et d'hypocrisie.

— Je ne demande pas mieux, — se contenta-t-il de dire en s'inclinant.

— Ma sœur a tout appris, — dit le vicomte.

— Quoi, tout?

— Tu ne comprends donc pas ?

— Ma foi, non ! Il y a tant de choses que l'on peut apprendre.

— Oui, mais combien y en a-t-il de celles qui ne devraient pas être connues ?

— Dame ! il y en a pas mal, — dit Raymond d'un air narquois, — une entr'autres...

— C'est celle-là, — dit le vicomte sévèrement.

— Bah ! — s'écria Raymond avec un étonnement parfaitement joué.

Cependant il perdit momentanément l'assurance et la parfaite quiétude qu'il affectait tout à l'heure, et regarda fixement son maître.

— Et sais-tu, — poursuivit celui-ci, — qui lui a tout appris ?

— Ce n'est pas moi, toujours.

— Au contraire, elle a, — dit-elle ; — entre les mains une déclaration signée de toi...

— Aïe, aïe ! — fit Raymond.

— Et contenant les noms des auteurs et des complices du meurtre du chevalier.

— Je sais ce que c'est, — dit Raymond tout à fait rassuré.

— Mais je l'ignore, moi ! et je veux le savoir. Est-il vrai que tu aies signé un acte aussi compromettant ?

— J'ai la douleur d'avouer que c'est de la plus déplorable exactitude.

—Comment ! — s'écria le vicomte bondissant de son siége, — tu oses m'avouer cela !

—Que voulez-vous, — dit tranquillement Raymond, — il y allait de ma vie !

— Mais qui donc a pu t'arracher un pareil aveu ?

— Qui? Pierre Mahé.

— Qu'est-ce que cela? — demanda le vicomte. — Ah ! — fit-il, — je me souviens, c'est le père de ce croquant de Raoul, mais quel intérêt...

— Vous l'ignorez, mais je vais vous l'expliquer très-clairement, si vous le permettez...

— Ah ! traître ! misérable, lâche animal !
s'écria Henri de Douges hors de lui.

— Ce n'est pas mon état d'avoir du courage, je ne suis pas gentilhomme, moi.

— Mais plutôt que d'avouer ton crime, il
fallait le...

— Croyez-vous donc que je n'aie pas eu
la même pensée, mais le drôle était mieux
armé que moi, et j'avoue qu'en présence de
deux excellents pistolets...

— Tu as avoué ton crime ?

— J'ai avoué *notre* crime, — dit Raymond
en soulignant méchamment ses paroles.

L'insolence de son valet, loin d'irriter le
vicomte, l'apaisa au contraire instantané-
ment ; il comprit qu'il devait plus que ja-

mais ménager Raymond, et chercha à tout prix le moyen d'éluder, s'il était possible, la demande de sa sœur. En conséquence, il lui raconta en peu de mots ce qu'elle avait exigé de lui, et il tomba dans un étonnement profond, lorsque Raymond, se renversant nonchalamment dans son fauteuil et croisant ses jambes, dit tranquillement :

— Tout s'explique, et grâce à Dieu je vois clair dans le jeu de nos adversaires.

En ce moment, Henri de Douges était debout ; devant Raymond, assis, il avait l'air d'être le domestique de son valet.

— Asseyez-vous, calmez-vous et raisonnons ! — lui dit Raymond.

Lorsque le vicomte eut satisfait aux désirs de son confident, celui-ci continua :

— Si j'en étais réduit à concevoir des inquiétudes sur mon avenir, si je n'avais pas eu de mon côté la sagesse d'amasser quelques pistoles afin de pouvoir vivre à l'abri du besoin, si je ne connaissais pas enfin la bonté de votre cœur, et que je ne fusse pas assuré de finir mes jours auprès de vous, je ne vous livrerais aujourd'hui le secret que je possède qu'au prix de la moitié de votre fortune.

— En vérité ! — s'écria le baron avec sarcasme.

— C'est comme j'ai l'honneur de vous le dire.

— La moitié de ma fortune !

— Riez, riez, — reprit Raymond, — pendant que vous en avez le temps, car je vous

juré que votre visage va se rembrunir et
vos sourcils se contracter tout à l'heure.

— C'est donc bien terrible ?

— Si terrible, que vous n'auriez jamais
osé soupçonner rien de semblable.

— Et ce secret, tu me le livreras ?

— A l'instant.

— Et pour rien ?

— Uniquement pour vous faire sentir
combien je vous suis devenu indispensable.

— Je serais curieux de voir comment tu
t'y prendras pour me démontrer cela.

— C'est fort naturel, vous allez voir. Vous
ne pouvez pas avoir oublié, puisque je me

le rappelle, que Pierre Mahé est l'ancien
serviteur de...

— Oui, oui, continue.

— Vous n'ignorez pas non plus que maître Lanoë, notaire en la bonne ville de
Nantes, doit son établissement à la générosité de votre sœur.

— Je sais tout cela; ensuite?

— Il en résulte que ces deux hommes sont
dévoués à l'abbesse du couvent de Saint-
Marc, comme je le suis à votre personne,
et qu'ils jouent, depuis vingt et un ans
bientôt, un jeu dont nous avons été les
dupes.

— Que dis-tu? — dit le vicomte inquiet.

— Tout va se dérouler à vos yeux, si

vous voulez bien m'écouter quelques instants.

— Parle, mon ami, parle vite.

— Je vois avec un certain plaisir que vous
ne m'en voulez plus tant et que mon récit
vous intéresse.

— Énormément, je l'avoue.

— Alors, je commence : Je dois vous dire
que j'étais sorti ce matin dans les plus heu-
reuses dispositions, après avoir vidé, pour
m'éclaircir les idées, une bouteille de notre
excellent bordeaux.

— Ivrogne ! — s'écria le vicomte avec
dégoût.

— Je ne dis pas non, mais je vous pré-

viens que si vous m'adressez des interrup-
tions de ce genre, je m'arrête.

— Ce n'est pas le moment, parle vite,
maroufle !

— Ainsi ferai-je. Aussitôt que je sentis
ma poitrine se dilater à l'air frais du matin, je m'en allai le nez au vent du côté
de la falaise, car je me suis fais le serment
de surveiller Pierre Mahé de qui j'ai à prèn-
dre une éclatante revanche, et bien m'en a
pris ! En arrivant au bord de la mer, j'ai
aperçu dans le sentier deux hommes cau-
sant avec animation ; j'observai, je me dis-
simulai de mon mieux derrière les troncs
d'arbres, et malgré le vent et la gelée, je
me rapprochai doucement de mes deux
personnages que j'avais vus s'asseoir derrière

une haie d'ajoncs. Le hasard me servit merveilleusement, car je pus me glisser sans
être remarqué, jusqu'auprès d'eux et entendre la suite de leur entretien, qui m'en
apprit plus long que je n'avais besoin d'en
savoir.

— Et que disaient-ils?

— J'avais reconnu de loin la grande si-
houette de Pierre Mahé, je reconnus ensuite le profil de maître Lanoë. Le premier
mot qui frappa mon oreille, fut le nom d'un
homme que vous haissez profondément.

— De qui donc?

— Il était question de M. Raoul.

— Le fils de Pierre Mahé?

— Oui, ou qui du moins passe pour être son fils, car il ne l'est pas.

— Mais alors de qui?...

— Voilà quel est le secret que vous paye-riez de la moitié de votre fortune.

— Achève donc, bourreau !

— M. Raoul est tout simplement le fils de madame la vicomtesse de Douges et du chevalier d'Escoublac.

— Allons donc, c'est impossible !

— De sorte, — continua Raymond sans s'émouvoir, — que nous sommes joués de-puis plus de vingt ans par cet imbécile de Mahé et par ce notaire du diable !

— Oh ! — fit le vicomte consterné.

— De sorte, — poursuivit impitoyablement Raymond, — que, comme la clause du testament de feu le vicomte votre père porte que le titre et les domaines de la vicomté retournent de droit à l'enfant issu de l'aîné de la maison, même après donation et abandon desdits titres et domaines, il en résulte que nous redeviendrons, vous et moi, pauvres hères comme devant, si la naissance légitime de cet enfant pouvait être démontrée.

— Mais ce Raoul n'est qu'un bâtard !

— Détrompez-vous ! J'ai vu maître Lanoë remettre à Pierre Mahé tous les actes constatant que ce bâtard est parfaitement légitime.

— Alors, nous sommes perdus, — dit le vicomte découragé.

— Oui, si nous n'avons pas recours aux grands moyens.

— Qu'appelles-tu les grands moyens?

— Vous savez bien, — dit Raymond en regardant fixement son maître.

— Encore! — dit celui-ci avec une sorte d'effroi.

— Écoutez donc! il ne s'agit pas ici de faire du désintéressement ou de la sensiblerie! Il ne sera pas dit que le meurtre du chevalier aura été commis inutilement! Nous avons deux partis extrêmes devant nous, choisissons le moindre...

— Explique-toi, alors, car je ne vois pas.....

— Il faut faire disparaître Raoul ou empêcher que les papiers donnés à Pierre Mahé puissent lui être remis, et pour y arriver, c'est de ce dernier qu'il faut se débarrasser ; tels sont, à mon sens, les deux moyens qui se présentent, je n'en vois pas d'autres.

— C'est vrai ! il n'y en a pas d'autres.

— Choisissons le moindre et débarrassons-nous de Pierre Mahé. J'ai une vengeance éclatante à tirer de lui, je m'en charge.

— Mais lui mort, les papiers resteront.

— A moins qu'on ne s'en empare du même coup.

— Mais cette aventure pourrait faire du bruit ! — fit observer le vicomte.

Raymond haussa les épaules.

— Croyez-vous donc que je ne sache pas ce que je fais, — dit il. — Lorsque le notaire lui a remis ces papiers, j'ai entendu moi-même Pierre Mahé dire que ces papiers ne le quitteraient pas et qu'il les porterait sur lui jusqu'au 25 janvier, présent mois. Si donc je réussis à me débarrasser de Pierre Mahé, je le débarrasse des papiers.

— C'est assez bien raisonné, mais il n'en restera pas moins contre nous la déclaration que tu as signée et que ma sœur a entre les mains.

— Elle ne l'a pas ! C'est mon ennemi intime qui a réuni toutes ces preuves pour le triomphe de sa cause. C'est donc à nous qu'il appartient de déjouer ses projets, et de faire tourner à sa perte ce qui devait amener la nôtre.

— Agis donc comme tu l'entendras, car pour moi je ne veux plus tremper mes mains dans le sang ; je me souviens encore de ma nuit au château d'Escoublac, — dit le vicomte blême de terreur.

— Tout ce que je vous demande, c'est de ne rien empêcher. Je hais Pierre Mahé parce que cet homme a surpris ma prudence, et qu'il a entre les mains de quoi me faire rouer vif. Or, c'est une mort que je n'ambitionne point, et c'est lui qui mourra.

— Mais s'il se défie de toi, tu pourras difficilement y arriver.

— Je sais où le trouver. Réjouissez-vous donc, monsieur le vicomte, de ce que ma haine serve si merveilleusement vos projets. Vous ne devez rendre réponse à madame votre sœur que demain matin, et vous ne lui apporterez pas; comme elle le demande, la renonciation écrite à la main de mademoiselle Blanche de Kerlédé.

— Mais il faudra que je m'exécute demain, ou elle enverra à Nantes le terrible document.

— Rassurez-vous, elle ne l'enverra pas. Pierre Mahé se trouvera ce soir, à marée basse, au Trou des Sorciers ; à dix heures, vous aurez entre les mains ces papiers, ou Raymond ne reviendra plus.

XXXII

L'ermite du bourg de Batz.

Pendant que s'agitaient toutes ces passions, pendant que Raoul, confiné dans sa
chambre, maudissait la prison dans laquelle
il languissait, et contenait difficilement l'impatience qui le dévorait, Hector, toujours
en campagne, venait l'informer de la dé-

marche que sa sœur allait tenter, démarche
dont il n'attendait aucun résultat, et qui fit
sourire Raoul bien qu'elle lui donnât une
preuve nouvelle de l'amour que Blanche
avait pour lui.

Marthe, qui avait suggéré le pèlerinage
tenté par la bonne demoiselle auprès de
l'ermite du bourg de Batz, l'avait accompagnée avec une confiance presque aveugle
dans l'issue de cette tentative.

Le carrosse dans lequel Blanche était
montée s'arrêta sur la lisière d'un petit bois
de chênes et de châtaigniers, au sein duquel
se trouvait la demeure de l'ermite. Cette retraite bâtie en pierres et en torchis, couverte
d'un toit de chaume, n'avait à l'intérieur
d'autre meuble qu'un crucifix, tandis que

dans un coin, un monceau de paille fraîche servait de lit au solitaire.

Il vivait frugalement dé pain et de racines. Son pain, il le devait à la générosité des habitants, quant aux racines, il les cueillait lui-même, les lavait avec soin dans l'eau d'une source voisine, et les mangeait toutes crues. Jamais depuis près de vingt ans, qu'il était venu se réfugier dans ce pays, il n'avait allumé de feu, ni pour se chauffer, ni pour faire cuire ses aliments.

Bien des mains lui étaient ouvertes; il aurait pu, s'il l'avait voulu, vivre dans l'abondance, mais il n'acceptait pas indistinctement la charité de tout le monde, et repoussait brutalement celle au fond de laquelle il croyait voir percer quelque os-

tentation. Aimé et respecté de tous, l'ermite
avait ses riches de prédilection, de qui il
recevait plus volontiers que des autres,
l'aumône qu'il ne sollicitait jamais.

On avait voulu à plusieurs reprises lui
faire construire une retraite plus convena-
ble, mais outre qu'il fuyait ordinairement
ceux qui voulaient l'approcher, il n'avait
pas voulu y consentir, et content de l'humilité dans laquelle il vivait, il était resté sourd
aux prières qu'on lui adressait pour arriver
à améliorer son sort.

L'opinion généralement répandue était
qu'il avait jadis commis quelque mauvaise
action qu'il expiait amèrement, car les paysans l'avaient parfois surpris à genoux et
frappant violemment sa poitrine. Si le bruit

public était vrai, si une faute peut être par-
donnée à un repentir sincère, l'ermite du
bourg de Batz l'avait rachetée, car il l'avait
cruellement expiée.

Blanche s'avança donc, suivie de Marthe,
dans le petit bois au sein duquel vivait cet
homme autour de qui planait un étrange
mystère. Elles l'aperçurent à genoux à la
porte de sa chaumière, mais quand il les
vit venir à lui, il se leva précipitamment et
rentra.

Marthe se risqua à troubler la solitude du
saint homme.

— Que me voulez-vous, — demanda-t-il
avec douceur, — je ne veux voir personne.

— Je crois pourtant que vous consentirez à
recevoir la jeune fille que j'accompagne.

— Quelle est-elle ?

— Mademoiselle Blanche de Kerlédé.

— Qu'elle vienne, j'y serai toujours pour elle. Qui est bien avec Dieu, est bien avec moi.

Marthe fit un signe à Blanche, qui s'inclina respectueusement devant lui.

— Pardonnez-moi, mon père, — lui dit-elle, — si je viens troubler votre solitude, pour vous parler des choses de ce monde.

— Ne craignez pas, mon enfant, vous êtes aimée de Dieu entre toutes, le nom sous lequel on vous désigne dans le pays est la bénédiction de vos bonnes œuvres ; je ne suis qu'un humble pécheur qui vaut cent fois moins que vous. Vous avez la robe d'innocence qui plaît au Seigneur, vous n'avez pas comme moi des fautes à expier, ce n'est donc qu'à mon expérience que vous pouvez vous adresser, je suis à vos ordres.

— Je crains, au contraire, que vous ne blâmiez le motif qui m'a conduit vers vous.

— Jésus-Christ n'a-t-il pas dit : « Que « celui d'entre vous qui est sans péché lui « jette la première pierre. » Parlez, mon enfant, parlez !

— Mon père a résolu de me marier... — dit Blanche avec timidité.

— Continuez, — dit l'ermite avec bienveillance en lui prenant la main pour la rassurer.

— Mais je n'aime pas celui à qui il me destine.

— Votre père le sait-il ?

— Oui, mais cet homme est riche et puissant, il a usé de son influence pour obtenir ma main.

— Oh ! les pères sont parfois bien cruels ! — dit l'ermite en se frappant la poitrine. — Non, — ajouta-t-il plus bas, — ils ne sont que justes.

— Mon mariage, — poursuivit Blanche, — doit avoir lieu dans trois jours.

— Et peut-être voudriez-vous qu'il n'ait pas lieu ?

Blanche baissa la tête sans mot dire.

— Je vous demande pardon de vous in-

terroger ainsi, mais vous êtes libre de ne
pas me répondre si vous me trouvez indiscret; peut-être aimez-vous quelqu'un?

— Oui, mon père.

— Alors, celui-là est digne de vous, j'en
suis sûr.

— Oh! c'est un brave cœur, mon père!
— dit Blanche avec une noble animation.

— Heureux gentilhomme, il ne faillira
pas, celui-là! — s'écria l'ermite.

— Il n'est pas gentilhomme, mon père.

— Quoi! — dit le saint homme étonné.
— Mais qui donc...

— C'est Raoul Mahé.

— Ah! vous avez raison! Si la brav

et la bonté font la noblesse, celui-là est noble par-dessus les autres. Malheureusement...

— Achevez, mon père, — dit Blanche tremblante.

— Malheureusement, je ne vois pas d'autre ressource que d'essayer de fléchir votre père.

— Je l'ai essayé, le chevalier de Kerlédé a été inflexible.

— Alors, soumettez-vous, mon enfant, et mettez vos douleurs au pied de la croix.

— C'en est fait! je suis perdue!

— Le Christ a bien autrement souffert pour nous, ma chère enfant.

— Je serai donc vicomtesse de Douges!

— s'écria Blanche en soupirant longuement.

— Vicomtesse de Douges, avez-vous dit ?
— s'écria l'ermite en proie à une émotion
violente.

— Hélas ! oui, mon père.

— C'est le vicomte que le chevalier de
Kerlédé vous destine comme époux?

Blanche fit un signe d'affirmation, elle
interrogeait Marthe du regard, et celle-ci
paraissait toute décontenancée du résultat
négatif de sa démarche auprès de l'ermite du
bourg de Batz.

— Ainsi va le monde, — continua l'ermite en se parlant à lui-même assez haut
pour que Blanche et Marthe pussent l'enten-

dre, — il veut allier l'un à l'autre ce que Dieu
a séparé, la colombe et le vautour, le loup
et l'agneau ; mais cela ne sera pas ! Je ne
souffrirai pas qu'on abuse à ce point de la
bonne foi du chevalier, ni de l'innocence de
sa fille, j'irai le trouver, je lui dirai tout.
Dieu me soutiendra et me donnera le courage nécessaire.

Marthe l'écoutait avidement, et reprenait
confiance à mesure qu'elle entendait sortir
de la bouche du saint homme les étranges
paroles qu'il avait prononcées.

Celui-ci gardait un silence profond, il paraissait absorbé dans une méditation rê-
veuse, et ses émotions étaient violentes, à en
juger par le bouleversement empreint sur

ses traits. Enfin, il releva la tête, et fixant sur Blanche un long regard :

— Que le ciel vous protége, mon enfant ; mais vous êtes menacée d'un grand malheur ; mieux vaudrait pour vous être morte que d'épouser un monstre semblable.

— Mais alors, mon père, comment détourner ce coup fatal ? Que faire ?

— Vous dites que c'est dans trois jours que le mariage doit être célébré. Ne vous inquiétez de rien, rentrez paisiblement au château de Kerlédé, j'irai voir votre père demain et si je dois lui apprendre toute la vérité, je le ferai pour le dissuader de donner sa fille à cet homme. Allez, mon enfant, comptez sur moi !

Blanche et Marthe se retirèrent un peu moins tristes.

Marthe surtout rayonnait de plaisir.

— Je le savais bien, — disait-elle... — Jamais personne au monde ne s'est repenti d'avoir eu recours à l'ermite du bourg de Batz, il vous sauvera, ma bonne demoiselle, il vous sauvera !

— Il faudra donc qu'il use d'arguments bien puissants, — répondit Blanche, — car mon père est fasciné par ce misérable vicomte.

Elle s'enfonça dans le coin du carrosse qui l'avait amenée, dont les glaces étaient soigneusement fermées à cause de la rigueur du froid. Elle suivait de l'œil les for-

mes capricieuses que le givre dessinait sur
les vitres, et songeait aux paroles mysté-
rieuses échappées à l'ermite. Bien qu'elle
n'en eût pas saisi la portée, elle avait néan-
moins compris que le vicomte était un
monstre, et elle était décidée à recourir à
tous les moyens plutôt qu'à épouser cet
homme.

Enfin, l'on arriva au château de Kerlédé.
Hector était allé au-devant de sa sœur pour
savoir ce que l'ermite avait dit.

Lorsque Blanche fut rentrée dans sa chambre, et pendant qu'elle réchauffait au coin
d'un bon feu ses membres engourdis par le
trajet, elle raconta à son frère ce qui s'était
passé, et lui annonça que le saint homme
devait venir le lendemain faire visite à leur

père, et qu'il lui avait donné l'espoir que son mariage n'aurait pas lieu.

Hector se rendit sur-le-champ auprès de Raoul et y trouva Pierre Mahé, qui lui fit savoir que le vicomte renoncerait certainement à la main de Blanche, sur les instances de sa sœur, l'abbesse de Kerlédé. De son côté, Hector raconta tout ce que Blanche lui avait appris de son pèlerinage au bourg de Batz.

Pierre Mahé, en entendant ces paroles prononcées par l'ermite, se frappa le front.

— Ton cheval est ici, — dit-il à Raoul, — je vais le prendre, un soupçon traverse mon esprit, et comme il concerne ton bonheur, je veux l'éclaircir sur-le-champ. Courage, mes enfants, je crois que le ciel nous sourit enfin.

Dix minutes après, malgré le froid cuisant qui se faisait sentir au dehors, on entendit le bruit du galop d'un cheval se perdre dans le lointain.

C'était Pierre Mahé qui le montait, infatigable chercheur de cette grande lumière qui s'appelle la Vérité.

Il était quatre heures et demie du soir.

Pierre Mahé, toujours galopant, alla rejoindre la route qui conduisait au bourg de Batz, dont il n'était éloigné que de six ou sept lieues. — Il accomplit en deux heures le chemin qu'il avait à parcourir. — Le vent soufflait bruyamment autour de lui, le givre couvrait de petits glaçons, sa moustache et ses longs cheveux, l'intensité du froid augmentée encore par la rapidité de sa course, paralysait presque ses membres, et pourtant cet homme de fer poussé par un désir ardent de connaître à fond le mystère qui enveloppait le meurtre de son ancien maître, mystère dont le voile avait été déjà soulevé, grâce à sa prudence et à sa persévérance, s'avançait insensible aux intempéries de la saison, bravant tour à tour les hommes et les éléments.

Lorsqu'il s'était chargé de la mission difficile d'élever Raoul, le fils de son ancienne maîtresse, Pierre Mahé n'avait pas d'enfants, mais sûr du cœur de sa femme, il s'était dévoué à cette tâche, aidé de Marianne, et il

l'avait fait avec cette volonté inébranlable
qui le guidait en toutes choses. Ignorant de
tout, et désireux pourtant de former un élève
qui figurât dignement dans le monde où il
était appelé à vivre, il résolut de s'instruire
lui-même de tout ce que Raoul devait connaître, ne voulant s'en rapporter qu'à lui du
soin de l'initier à la vie de l'intelligence. Il
entreprit donc, à vingt-cinq ans, ce travail
herculéen, s'entoura de professeurs et de
livres, et l'amour de l'étude se développa si
bien en lui au sein de la solitude dans laquelle il vivait à Porcé, qu'il devint non-
seulement instruit, mais savant. En outre,
ce n'était pas un de ces hommes bruyants,
faisant étalage de leur érudition, il était
d'une modestie telle que la science restait
chez lui enfouie comme les métaux au sein

de la terre : il s'instruisait pour lui plus encore que pour les autres, et sa persévérante douceur trouva dans Raoul un élève docile et intelligent qui profita rapidement des leçons que lui donnait un maître indulgent. Enfin, Pierre Mahé, élevé au château d'Escoublac par son père, excellait dans tous les exercices du corps ; il avait passé sa jeunesse à pêcher, à monter à cheval, à faire de l'escrime avec le sergent aux gardes du roi, il s'était passionné pour cet art difficile comme il le faisait pour tout ce qu'il avait résolu d'apprendre, et Raoul avait hérité de tous ces talents qu'il lui avait prodigués en père généreux et jaloux de voir son fils tenir dignement son rang.

Préoccupé surtout du soin de rechercher

les auteurs du meurtre de son ancien maître,
il avait cherché pendant vingt ans, avec une
infatigable minutie, tous les détails pouvant
servir à corroborer sa conviction, à savoir
que le coup avait été exécuté à l'instigation
du vicomte de Douges. Il lui avait semblé
reconnaître Raymond parmi les trois hommes
qui s'enfuirent à son approche dans cette
nuit fatale, il avait confié à la vicomtesse les
soupçons qui avaient traversé son esprit,
mais celle-ci les avait repoussés d'abord avec
une telle violence, qu'il résolut d'acquérir
des preuves afin de dessiller les yeux de l'incrédule désolée.

Déjà il avait obtenu de Raymond les aveux
les plus complets, il les lui avait arrachés
dans un moment suprême, il est vrai, mais

il s'était muni d'une déclaration préparée par lui d'avance avec une exactitude telle que, bien qu'il n'y fût arrivé qu'à force d'inductions, il ne s'était point égaré dans les ténèbres qui obscurcissaient sa route. Raymond avait signé, il avait nommé les deux complices qui l'avaient assisté dans ce drame terrible ; l'un d'eux, le chevalier de Bretteville, était mort, le Dieu vengeur avait guidé le bras de Raoul, mais l'autre, ce d'Artenay, où était-il ? Qu'était-il devenu ?

L'esprit de Pierre Mahé toujours tendu vers ce but unique, fut frappé soudain d'un rayon lumineux, lorsqu'il entendit répéter par Hector les paroles échappées à l'ermite du bourg de Batz, il trouva une coïncidence singulière entre ces mots dictés évidemment

par le remords, et la date à laquelle remon-
tait la retraite de cet homme, et se demanda
soudain : Ne serait-ce pas là ce d'Artenay
que j'ai tant cherché? Tout entier à l'idée
fixe qui le préoccupait, il résolut de savoir à
quoi s'en tenir à cet égard, mais ne fit part à
personne de ce soupçon, car il pouvait se
tromper, et calomnier ainsi un homme en-
vironné de respect et d'estime.

Il était déjà nuit lorsque Pierre Mahé arriva à son tour devant la retraite de l'ermite.
Il descendit de son cheval ruisselant de sueur,
étendit sur le dos de l'animal son grand
manteau, le débrida pour le laisser respirer
à l'aise, et s'avança vers la cabane, faible-
ment éclairée par une torche de résine. Lorsqu'il parut sur le seuil, l'ermite tressaillit et

rabattit davantage sur ses yeux le capuchon dont sa tête était enveloppée.

— Qui est là? — demanda-t-il.

— Moi, Pierre Mahé, ancien serviteur du chevalier d'Escoublac.

— C'est vrai, je vous reconnais.

— Vous m'avez donc vu déjà?

— J'habite ce pays depuis longues années, et je sais qui vous êtes.

— Vous avez reçu aujourd'hui la visite de mademoiselle Blanche de Kerlédé, elle vous a tout avoué, sa haine pour le vicomte de Douges, et son amour pour mon fils Raoul, je le sais.

— Je n'ai pas à m'en cacher.

— Vous lui avez promis d'aller voir son père et de le détourner de l'union qu'il médite. Or mon but est le même, et je viens vous proposer d'unir ensemble nos efforts. Vous avez un moyen de l'empêcher.

— Qui vous l'a dit?

— Vous l'avez laissé échapper vous-même, en présence de mademoiselle Blanche. Ce moyen quel est-il?

— Je ne puis vous le dire.

— J'ai cependant besoin de le savoir.

— Ce secret n'appartient qu'à Dieu et à moi, il ne me plaît pas de le faire connaître.

— Je ne puis vous y forcer, donnez-moi seulement votre parole de répondre fran-

chement à la question que je vais vous
adresser.

— Dieu m'interdit de pareils engagements.

— Vous refusez ?

— Adressez-moi votre question, j'y répon-
drai si cela m'est possible.

— Il est des heures solennelles dans la vie
d'un homme, où les paroles qu'il prononce
sont le salut ou la condamnation de son
prochain. Cette heure a sonné pour vous,
et je suis venu à vous, confiant dans votre
franchise et dans votre sainteté ! J'ignore si
vous avez péché jadis, mais je sais que, si
vous l'avez fait, votre pardon vous est depuis longtemps acquis. Si je suis venu à
vous, c'est qu'il s'agit, en effet, du salut de

mon fils, et qu'il est peut-être entre vos mains.

— J'ai peine à le croire, car je pèse pour bien peu dans la balance des destinées humaines.

— Répondez-moi donc sincèrement, comme vous le feriez à Dieu qui vous écoute, s'il vous interrogeait par ma voix. Comment vous nommez-vous?

— Vous êtes trop ambitieux, Pierre Mahé, et je ne veux pas vous répondre et favoriser peut-être les projets que votre cupidité a conçus et déguisés avec soin. Vous venez de vous trahir devant moi, et je vois que vous avez usurpé à force d'adresse la réputation de sagesse et de désintéressement qui vous accompagne.

— Que dites-vous ! — s'écria Pierre Mahé au comble de l'étonnement.

— Je dis que j'ai découvert vos vues ambitieuses. Vous n'étiez rien, jadis, qu'un serviteur honnête et dévoué, je veux bien le croire ; mais vous souffriez intérieurement de cette humilité dans laquelle vous étiez contraint de vivre. Le ciel vous a béni entre tous les heureux pères, il vous a donné un fils, beau, noble, courageux ; ce fils, vous lui avez donné une éducation supérieure à celle que reçoivent ordinairement ses semblables, et c'est par lui maintenant que vous voulez vous élever. Or, sachez-le bien, je ne favoriserais par aucun moyen s'il était en mon pouvoir les desseins que vous avez formés ; vous avez introduit Raoul dans la fa-

mille de Kerlédé, il a su inspirer de l'amour
à mademoiselle Blanche, et vous l'avez favorisé, et vous avez applaudi. Aujourd'hui, se
dresse devant vous un obstacle inattendu,
et vous voulez l'écarter, je le comprends,
mais je ne ferai rien pour vous y aider, je
ne veux pas servir d'échelle à votre ambition.

— Quoi, vous me supposez de pareils
projets ! Quoi, vous m'accusez d'ambition,
et vous croyez que j'ai voulu spéculer sur
mon fils pour m'élever ! Mais sous quel
odieux point de vue avez-vous donc connu
les hommes, pour leur attribuer des sentiments aussi mesquins !

— J'ai vu les mauvaises passions s'agiter
autour de moi, j'ai connu les hommes et je
les ai vus méchants, je les ai fuis. De-

puis j'ai essayé do croire au bien, et je m'aperçois aujourd'hui encore, que le fruit amer peut se cacher sous l'enveloppe dorée.

— Donc, — s'écria Pierre Mahé, — vous refusez de me répondre. ?

— Je le refuse.

— Mais cependant, si vous vous trompiez ! si je ne méritais pas les odieuses interprétations que vous faites de ma conduite.

— Elles me sont trop clairement démontrées.

— Ainsi, vous n'admettez pas qu'un homme puisse se dévouer pour la réussite d'une idée, vous n'admettez pas que j'aie pu abriter de mon expérience et de mon nom,

une victime sacrifiée d'avance que j'ai proté-
gée de mon obscurité ?

— Vous seriez un saint, si cela était vrai.

— Et pourquoi ne serait-ce pas vrai ?
Supposez, un instant, que Raoul ne soit pas
mon fils, supposez que je l'aie arraché à la
persécution, que je l'aie sauvé d'une mort
imminente pour le laisser grandir jusqu'au
jour où il serait assez fort pour lutter et pour
conquérir la place que sa naissance lui a as-
signée.

— A quoi bon faire d'inutiles supposi-
tions.

— Écoutez-moi, et ne nous laissons pas
aller à une stupide défiance. Vous êtes bon,
j'en suis sûr, — dit Pierre Mahé, — vous vi-
vez depuis vingt ans dans une solitude et un

ascétisme extraordinaire, voulez-vous vous confier à moi comme je me confierai à vous? secret pour secret, le voulez-vous?

— Je n'ai rien à échanger avec vous, si vous avez un secret, gardez-le, comme je garde le mien.

— Vous avouez enfin, que vous en avez un.

— Je n'avoue rien, — dit l'Ermite.

— Eh bien! ce secret que vous essayez de me cacher, je le connais, et je vais vous le dire.

— Vous le connaissez, vous! — dit l'Ermite avec une émotion mal dissimulée.

— Il y a vingt ans vivait un gentilhomme aimé de tous; il devait épouser la vicomtesse

de Douges. aujourd'hui abbesse du couvent
de Saint-Marc. Ce gentilhomme gênait les
projets ambitieux du baron Henri de Douges, qui résolut de s'en défaire, et qui le fit
assassiner. Les hommes qui se chargèrent
d'accomplir ce meurtre étaient trois; l'un
d'eux se nommait Raymond, c'était le valet
de chambre du baron.

L'ermite du Bourg-de-Batz pâlissait visiblement sous le capuchon qui cachait une
partie de ses traits.

— L'autre, — poursuivit Pierre Mahé, —
se nommait le chevalier de Bretteville, celui-
là est mort; le troisième se nommait d'Artenay, et celui-là vit encore. Voici une déclaration signée de Raymond, où se trou-

vent inscrits les noms que je viens de citer.

Regardez ! mais regardez donc !!..

— Grâce ! grâce ! — s'écria l'Ermite, — j'avoue mon crime, Dieu n'a pas permis qu'il demeurât ignoré, vingt ans d'austérités n'ont pas suffi à me le faire pardonner, que sa volonté soit faite ! J'expierai devant la justice des hommes un forfait que je croyais oublié, et dont je m'étais accusé devant la justice de Dieu ! C'est une réparation sanglante qu'il exige en échange du sang versé, je suis prêt à la donner, disposez de moi, je vous jure de ne rien tenter pour y échapper.

— Rassurez-vous, — dit doucement Pierre Mahé, — je ne veux point vous punir plus cruellement que vous ne l'avez fait vous-

même, je sais combien vous avez souffert,
et de quels remords cuisants votre âme a
été torturée, et pour mieux vous convaincre de la vérité de ce que j'avance, je vais
à mon tour vous dévoiler tous mes secrets.

— Mon Dieu ! s'écria l'Ermite à genoux,
— est-il donc bien vrai que j'aie mérité
votre indulgence !

— Relevez-vous, — dit Pierre Mahé, —
Dieu vous absout par ma voix ! Unissons-
nous pour combattre le mauvais ange qui
vous a tenté, et faisons tourner à sa honte,
l'édifice de violence qu'il a élevé. Le chevalier d'Escoublac n'est pas mort...

— Hélas ! si cela était possible !

— Cela est vrai, il revit dans son fils. Ce
Raoul de qui vous avez cru que je voulais

faire un marche-pied à mon ambition per-
sonnelle, est le fils du chevalier et de la
vicomtesse de Douges. Nous étions trois à
connaître ce secret, nous serons quatre. Lui
seul ignore quelle est sa naissance, il ne le
saura que dans quelques jours, mais je veux,
en la lui révélant, lui remettre les preuves
irrécusables du crime de son oncle, afin
qu'il n'ait plus de scrupules à le dépouiller
d'un héritage qu'on lui a arraché. Pour le
moment, ce qu'il nous importe d'empêcher
jusqu'à ce jour prochain, c'est le mariage
du vicomte avec mademoiselle Blanche.
Allez donc voir demain le chevalier de Kerlédé, racontez-lui, sans vous en accuser, le
forfait odieux accompli par le vicomte, et
s'il en veut des preuves, venez me trouver,
je suis prêt à les lui donner.

— J'obéis donc à la voix de Dieu, qui me
parle par votre bouche, Pierre Mahé. Demain, je vous en fais le serment solennel,
le chevalier de Kerlédé aura tout appris.

— Je vous demanderai, seulement, un
silence absolu sur ce que je viens de vous
révéler, concernant le jeune Raoul.

— C'est toujours ainsi que je l'ai compris,
rassurez-vous ! — dit l'Ermite.

Pierre Mahé regagna la lisière du bois,
après avoir consolé et encouragé l'Ermite,
et revint en toute hâte à Porcé ; il était neuf
heures et demie.

—Demain, — dit-il en arrivant, à Raoul
et à Hector, — Blanche sera libre et le vi-

comté sera honteusement chassé. Espérez
donc, mes amis, Dieu est avec nous!

Pendant ce temps, l'ermite du Bourg de
Batz s'humiliait aux pieds du Christ, et se
préparait par la prière au sacrifice qui lui
était imposé.

A peine Pierre Mahé était-il de retour,
qu'après avoir réchauffé devant un bon feu
ses membres engourdis, et après avoir pris
quelque nourriture, il se leva de nouveau
et prit congé des jeunes gens.

— Où allez-vous encore, mon père?—demanda Raoul.

— Je vais où m'appelle mon devoir,—
répondit Pierre; —ne crains rien, mon enfant, dans quelques jours nous serons heureux et tranquilles.

Pierre Mahé se dirigea vers le Trou des Sorciers. C'est là que maître Lanoë devait le retrouver à son retour du château d'Escoublac, qu'il était allé visiter.

Raoul voulait suivre son père, et Hector eut beaucoup de peine à lui persuader qu'il devait rester chez lui et ne rien compromettre, alors que le succès de leur complot paraissait enfin assuré.

XXXIII

Le Trou des sorciers.

An moment où Pierre Mahé s'éloignait
pour se rendre au rendez-vous que lui avait
donné maître Lanoë, le vicomte de Douges,
après avoir jeté les yeux avec impatience
sur l'horloge du salon, regagna sa chambre dans une anxiété difficile à exprimer. Il

songeait, en effet, que s'agitait dans ce moment pour lui, une question de vie ou de
mort, et, disons-le, il tremblait de voir que
sa cause était entre les mains de Raymond,
dans le courage de qui il n'avait pas la
moindre confiance. Il se représentait la
lutte sanglante qui aurait lieu entre un
homme supérieur en force et en adresse,
et un valet poltron et maladroit. Le chevalier ne comptait donc guère revoir Raymond, et comme il avait une philosophie
à toute épreuve, il s'en consolait en se disant qu'il serait débarrassé, par ce moyen,
d'un témoin gênant, d'un complice odieux
qui s'était familiarisé avec son maître dans
l'intimité, au point de s'arroger les mêmes
droits et les mêmes prérogatives vis-à-vis
des inférieurs, et qui professait en sa pré-

sence, un sans-gêne que sa position vis-à-vis du vicomte justifiait parfaitement. En outre, Raymond avait commis une faute impardonnable, il s'était laissé arracher le secret qui importait le plus à la tranquillité de son maître, et bien qu'il eût juré de s'emparer de toutes les preuves servant à constater le crime commis jadis, le secret avait transpiré, l'abbesse de Kerlédé le connaissait, elle en avait vu la preuve flagrante, et les conséquences en seraient terribles, si Raymond ne réussissait pas. Si bien que l'âme du vicomte était partagée entre le désir de voir succomber son valet, et la crainte qu'il ne pût pas venir à bout de son entreprise.

Telles étaient les idées qui préoccupaient

Henri de Douges, idées dont il avait subi l'influence durant toute la soirée, au point de trouver insupportables les attentions dont le comblait le chevalier de Kerlédé, auquel il n'avait eu d'autres ressources d'échapper qu'en faisant une retraite un peu brusque.

Onze heures venaient de sonner, lorsqu'un pas précipité se fit entendre; la porte de la chambre du vicomte s'ouvrit avec fracas, et un homme tomba plutôt qu'il ne s'assit sur le premier siége qui se trouva à sa portée.

C'était Raymond, pâle, la figure bouleversée, les habits en désordre; sa main droite, crispée sur sa poitrine, semblait y cacher quelque chose, comme s'il eût craint qu'on voulût le lui arracher. Lorsqu'il pénétra dans la chambre de son maître, le passage brusque des ténèbres à la lumière l'éblouit, et la contraction qu'il imprima à ses sourcils épais pour abriter sa prunelle, donna à son regard et à toute sa physionomie une expression sombre et sinistre; enfin, après avoir longuement jeté les yeux autour de lui pour s'assurer qu'il était bien seul, il se leva, la respiration bruyante, la poitrine soulevée par la rapidité de sa course.

— Je les ai! — dit-il en s'avançant vers la table sur laquelle le vicomte de Dougès était appuyé. Puis, après avoir lancé un nouveau regard qui alla fouiller dans tou-

tes les profondeurs de la chambre, — les
voici ! — ajouta-t-il.

Il arracha précipitamment de sa poitrine
une liasse de papiers ensanglantés qu'il jeta
devant son maître effrayé,

— Oh ! — s'écria Raymond, — du sang !
encore du sang !

Ses dents claquaient convulsivement de
peur, il regarda ses mains avec horreur.

— Il y en a encore là, — dit-il en tendant sa main droite, — je l'avais pourtant
bien lavée.

—Assieds-toi, et calme-toi, surtout, —

dit le vicomte à voix basse et avec autorité,—
vas-tu donc nous trahir?

— Oh! j'ai peur! — dit Raymond en se
pelotonnant de manière à se faire le plus
petit possible.

Le vicomte haussa les épaules, se leva,
alla prendre sur une console un verre et une
carafe dans laquelle se trouvait un liquide
jaunâtre, il remplit le verre jusqu'aux bords
et le tendit à son valet de chambre.

— Bois cela! — dit-il, — si ce rhum ne
te remet pas, tu es un homme perdu.

Raymond avala de confiance et d'un seul

trait le verre que son maître lui donnait. Un grand silence se fit, pendant lequel le liquide opéra sans doute sur Raymond d'une manière satisfaisante, il dégourdit ses membres transis de froid, et produisit une réaction violente qui calma ses idées bouleversées.

Il eut un tressaillement nerveux et soupira un ah ! très-significatif. Le bien-être lui revenait insensiblement, il renaissait.

— Qu'as-tu ? — demanda le vicomte, — qu'est-il arrivé ?

— De grâce, laissez-moi respirer un peu, car j'ai tant couru !...

— Il t'a donc poursuivi ?

— Oh ! non ; mais il m'a semblé entendre arriver quelqu'un et je me suis enfui.

— Ainsi Pierre Mahé !...

— Je me suis vengé ! — dit sourdement Raymond.

— Mais enfin comment cela s'est-il passé? A-t-il résisté?

— Je ne lui en ai pas laissé le temps, je m'étais posté à l'entrée du Trou des Sorciers, quelques instants avant l'heure à laquelle il devait s'y rendre, la mer faisait entendre à quelques mètres de là le bruit de ses vagues furieuses, le vent soufflait

avec force, le froid me glaçait et me péné-
trait jusqu'aux os. Je m'étais caché derrière
l'anfractuosité d'un rocher qui se trouve à
gauche de la grotte ; bientôt j'entendis le
sable durci par la gelée crier sous les pas
de quelqu'un qui s'avançait de ce côté, je
saisis un de mes pistolets, et lorsque, dans
la nuit qui nous environnait, je distinguai
près de moi l'ombre que j'avais entrevue :

— Est-ce vous, Pierre Mahé ? — dis-je à
voix basse.

— Oui, maître Lanoë, mais je ne m'at-
tendais pas à vous trouver ici.

Au même instant, je lui lâchai en pleine

poitrine un coup de pistolet, prêt à redoubler si cela était nécessaire, mais Pierre Mahé tomba lourdement sur le sol sans pousser un cri. Je m'agenouillai auprès de lui, cherchant les papiers que maître Lanoë lui avait remis ce matin et le parchemin compromettant qu'il m'avait fait signer il y a quelque temps. J'étais acharné à ma proie, comme le vautour au cadavre, décidé à le dépouiller entièrement si je ne trouvais pas ce que je cherchais. Enfin, je sentis sous sa veste le froissement des papiers que je voulais conquérir, et je m'en saisis avidement. C'est à ce moment-là que je crus entendre un bruit semblable à celui que produit la marche étouffée d'un homme, et, chose étrange, ce bruit semblait provenir de l'intérieur du Trou des Sorciers.

Était-ce l'effet d'une hallucination? Mon imagination se créa-t-elle un fantôme? Je l'ignore, mais je m'enfuis avec mon trésor, et je courus à perdre haleine; c'est ainsi que je suis arrivé jusqu'ici et que... vous savez le reste.

— Son cadavre est resté à l'entrée du Trou des Sorciers?

— Oui, maître.

— Enfin! — s'écria le vicomte ivre de joie, — nous sommes donc libres et vengés! Ah! Julie, vous avez froissé mon orgueil, vous l'avez fait plier sous le joug de votre volonté et vous n'avez pas su garder

vos armes, à nous deux maintenant. Et d'a-
bord, voyons ce que contiennent ces papiers.

Le vicomte s'en empara, et sans faire
attention aux taches de sang qui les cou-
vraient, il se mit à les parcourir avidement.

— Oui, c'est bien cela, — dit-il en souriant méchamment, — le contrat de mariage de ma sœur et du chevalier, le cer-
tificat du prêtre qui les a unis, l'acte de
naissance de Raoul, la déclaration signée de
Raymond, tout y est !

— C'est la seule récompense que je demande pour le sang que je viens de verser,
— dit Raymond, — rendez-moi cet écrit.

— C'est trop juste, — dit le vicomte en tendant à son valet de chambre le parchemin fatal, — tiens, fais-en ce que bon te semblera ! Quant au reste, je le garde !

Raymond se leva, s'approcha de la cheminée dans laquelle pétillait un feu ardent, y jeta le papier fatal, et suivit des yeux ses contorsions bizarres sous l'action du feu qui le dévorait. Enfin, lorsqu'il eut vu disparaître et s'éteindre la dernière étincelle accusatrice, il se releva et poussa un soupir de soulagement qui retentit bruyamment dans la chambre.

Le vicomte de Douges serra précieusement, dans un coffret de fer qui ne le quit-

tait jamais, les actes qu'il venait d'arracher
à ses ennemis.

— Je ne m'étais pas trompé, — disait-il,
— ce Raoul que je haïssais instinctivement,
c'était mon plus cruel ennemi ! Cette haine
que je ressentais devant lui, c'est bien la
même que j'avais conçue pour son père !
Oh ! que ne l'ai-je humilié davantage ! mais
patience !... le voilà désarmé maintenant,
plus que jamais je triomphe, car j'ai vaincu,
grâce à toi, Raymond, les dangers inconnus
qui menaçaient sourdement mon bonheur
et mon repos ! Quant à ma sœur, je vais lui
écrire quelques lignes que tu lui feras par—
venir demain matin. Il est temps qu'elle
sache que je la brave, et que je me ris

des vaines menaces qu'elle m'a adressées
hier.

Le vicomte se mit devant sa table et écri-
vit la lettre suivante, dont il répétait tout
haut chaque phrase, à mesure qu'il la tra-
çait :

« Chère sœur,

« Lorsque vous m'avez adressé hier les
« vaines menaces qu'il vous a plu d'inven-
« ter, lorsque vous m'avez reproché un acte
« de violence auquel je suis complètement
« étranger, mon étonnement a été si grand,
« ma douleur si profonde, que ma voix et
« mon regard se sont tus en présence de vo-
« tre raison troublée.

« Je me plais à croire que, revenue au-
«jourd'hui à des idées plus saines, vous au-
« rez oublié les histoires qu'un moment de
« délire avait forgées, et que vous me trai-
«terez à l'avenir comme par le passé,

« En frère bien affectionné. »

«Vicomte HENRI DE DOUGES. »

Il scella du sceau de ses armes la missive
qu'il venait de tracer, et la remit à Raymond
en lui disant :

— C'est aujourd'hui plus que jamais le
cas de dormir sur nos deux oreilles, bonsoir,
Raymond !

— Bonsoir ! — répondit Raymond, remis de ses terreurs et en se retirant tout à fait.

Bien que Raymond ne fût pas très-superstitieux, il lui semblait toujours entendre derrière lui le bruit qui avait frappé son oreille dans l'intérieur du Trou des Sorciers, pendant qu'il était occupé à dépouiller le cadavre de celui qu'il avait frappé. Était-ce un sorcier ?

Vu de la mer, le Trou des Sorciers n'est qu'une de ces excavations ordinaires, comme la mer en a creusé tant dans la falaise qui longe la côte depuis Saint-Nazaire. Cette excavation n'offre extérieurement rien de particulier : seule, l'entrée en est un peu plus grande que celle des trous avoisinants.

La première idée qui vous vient à l'esprit lorsqu'on y pénètre, c'est le temps qu'il a fallu aux fureurs de la mer pour creuser ainsi en plein cœur de roche une aussi vaste ouverture. Le sol en est tapissé d'un sable fin et uni que chaque marée montante vient applanir et niveler.

A vingt pas environ de l'entrée du Trou des Sorciers, et sur l'extrême droite, se trouve à fleur de terre une petite ouverture basse et étroite, formée par l'équilibre miraculeux de rochers amoncelés, par laquelle le corps d'un homme peut passer à la rigueur, et ce n'est que lorsqu'on s'est hasardé à la franchir que commence le Trou des Sorciers. Est-ce la mer qui, en s'avançant toujours à mesure que les obstacles dispa-

raissaient, a disjoint ainsi des rochers jadis
réunis ? Est-ce un caprice de la nature qui
a laissé subsister cette grande artère souter-
raine ? Nul ne le sait. Ce qu'il y a de certain,
c'est qu'elle se prolonge à de grandes dis-
tances.

A mesure qu'on s'avance, éclairé par des
torches, la caverne, d'abord basse et étroite,
s'agrandit, et parcourt inégalement une
étendue de plusieurs kilomètres. Le terrain
y est en pente douce, ce qui rend la marche
facile, et il est aisé de voir, par les débris
d'algues et de guamon qui s'y trouvent, l'endroit où expirent les marées, suivant leur
force et leur étendue. A deux kilomètres environ de la côte, le Trou des Sorciers présente une bifurcation naturelle.

Cette bifurcation s'ouvre sur un vaste plateau de beaucoup plus large que l'entrée, et assez semblable aux carrefours où viennent aboutir les routes au milieu d'un bois. Ces deux issues ne présentent pas une ouverture d'égale grandeur. A droite, la galerie s'étend et se prolonge dans les mêmes dimensions qu'elle affecte à son début, tandis qu'à gauche, elle se resserre à tel point qu'il faut s'effacer et passer de côté pour arriver à pouvoir se glisser dans la suite de cette galerie.

L'une, celle de droite, mène, dit-on, du côté de Guérande ; l'autre, celle de gauche, joue un grand rôle dans les événements qui se sont écoulés, elle aboutit au château d'Escoublac, et n'était connue de personne, à l'époque qui nous occupe. Seuls, Pierre Mahé et le chevalier d'Escoublac possédaient ce secret, et le premier l'avait révélé dans la suite au notaire Lanoë pour les besoins de la cause à laquelle il s'était dévoué.

Or, l'on ne pouvait pénétrer dans le Trou des Sorciers qu'à la marée basse, ou du moins quelques instants après qu'elle commençait à baisser, et comme ces heures variaient d'un jour à l'autre, que ce phénomène se produit jour et nuit, Pierre Mahé et maître Lanoë étaient obligés de se conformer à cette loi immuable. Du reste, hâtons-nous d'ajouter qu'ils choisissaient de préférence les heures de nuit, et comme ils étaient forcés de se munir de torches, les marins en revenant de la pêche, lorsqu'ils longeaient la côte, avaient aperçu ces lueurs errantes, tandis que les paysans qui passaient sur la falaise avaient parfois entendu des éclats de voix, et vu des ombres s'agiter.

Ces circonstances bien naturelles, vues au microscope de la superstition, repétées et grossies de bouche en bouche, avaient atteint des proportions gigantesques. Elles étaient venues aux oreille de Pierre Mahé aussi bien que de maître Lanoë, ils en avaient d'abord ri ensemble, puis avaient résolu de profiter de l'aveuglement général pour cacher leurs projets, si bien qu'aussitôt qu'ils apercevaient un indiscret, ils se mettaient à pousser des hurlements lamentables qui produisaient régulièrement le plus grand effet.

La panique universelle s'était bien gardée de rechercher la cause de ces événements, et la superstition bretonne, qui se plaît dans les choses surnaturelles, avaient baptisé cette excavation de ce nom qui résume toutes ses croyances : Le Trou des Sorciers.

C'est donc par ce chemin que Pierre Mahé et maître Lanoë se rendaient au château d'Escoublac.

Il était situé à douze kilomètres environ du Trou des Sorciers, et ce trajet pouvait facilement se faire en deux heures.

C'est ainsi que s'expliquent du même coup les fantastiques apparitions du château d'Escoublac, et les lumières qui éclairaient régulièrement la chapelle dans la nuit anniversaire de la mort du chevalier.

La seule difficulté que présentât ce mode de circulation consistait à calculer son temps, soit pour l'aller, soit pour le retour, de façon à n'être jamais surpris par la marée, car il n'y avait pas de salut possible dans ce cas. Mais, pour un homme expérimenté comme Pierre Mahé, dont la maison se baignait pour ainsi dire dans les flots, cette difficulté n'en était pas une, et depuis vingt ans il avait recours à ce mode de communication sans qu'il eût jamais couru le moindre danger.

[illegible]

[illegible]

[illegible]

[illegible]

[illegible]

[illegible]

[illegible]

[illegible]

[illegible]

[illegible]

[illegible]

[illegible]

[illegible]

[illegible]

[illegible]

[illegible]

[illegible]

XXIV

Entêté comme un... Breton.

Le vicomte se réveilla le lendemain bercé
par les plus doux rêves; il voyait s'ouvrir
devant lui un long avenir de bonheur, il allait épouser Blanche, et se promettait bien
de faire ployer ce caractère altier qui se ré-
voltait en vain contre un hymen odieux; il

lui imposerait facilement, — pensait-il, — l'amour qui le dévorait. C'était un cœur vierge chez qui les impressions premières devaient peu durer, et qui oublierait sans aucun doute le caprice qu'elle avait ressenti pour Raoul, à la condition de l'entourer de toutes les recherches du luxe, de l'éblouir de l'éclat du monde, et nul, mieux que le vicomte, n'était à même de recourir à de semblables moyens de guérison.

De son côté, le chevalier de Kerlédé se faisait une fête de voir s'accomplir enfin l'union qu'il souhaitait le plus au monde. Son gendre était le premier gentilhomme de la province, ses domaines étaient vastes, il était fort bien en cour, il venait d'être rappelé par le cardinal, jamais le chevalier de Kerlédé n'aurait osé espérer pour sa fille un mariage si avantageux.

Pendant qu'il était livré à ces réflexions, qui lui causaient tant de joie qu'il ne pensait même plus au chagrin de Blanche, on lui annonça qu'un étranger demandait à lui parler, et qu'il avait refusé de dire qui il était à d'autres qu'au chevalier.

— Mais enfin, quel homme est-ce ? — dit le chevalier.

— Il a un costume religieux, — répondit le domestique, — mais j'ignore à quel ordre il appartient.

— Fais-le entrer, — dit le chevalier.

Cinq minutes après, l'étranger fut introduit.

— Veuillez vous asseoir, mon frère, — dit le chevalier en lui désignant un siége.

— C'est inutile, je vous remercie, je resterai debout.

— Je ne le souffrirai pas ! je. .

— C'est un vœu que j'ai fait.

— Alors, je n'insiste plus, veuillez me dire ce qui vous amène, mon frère ?

— Je désire d'abord que vous soyez bien

convaincu que la démarche que je fais aujour-
d'hui, est dictée par l'intérêt que je vous
porte, et n'a point d'autre mobile.

— Ces intentions charitables ne m'éton-
nent point de la part d'un serviteur de Dieu !

— Je ne suis point ce que vous croyez, je
n'appartiens à aucune abbaye.

— Qui donc êtes-vous ?

— Je suis celui qu'on nomme l'ermite du
Bourg-de-Batz.

— En ce cas, mon frère, je suis d'autant
moins étonné de votre zèle pieux, bien que
je ne me l'explique pas à mon propos.

— Il est bien naturel, cependant. Vous avez une fille, un ange de candeur, de vertu et de charité qu'on a surnommée la bonne demoiselle ; ce surnom est le plus bel éloge qu'on puisse faire de ses qualités, et sa charité s'est souvent étendue jusqu'à l'humble solitaire que vous voyez devant vous. Vous vous expliquerez donc maintenant l'intérêt que je lui porte, ainsi qu'à tout ce qui l'entoure.

Le chevalier s'inclina et attendit.

— Monsieur le chevalier, — poursuivit l'ermite, — l'âge de mademoiselle Blanche vous permet de la marier, et je conçois aisément que vous cherchiez à le faire de la façon la plus avantageuse...

— Qu'est-ce à dire? — demanda M. de Kerlédé en fronçant le sourcil.

Il pressentait déjà de quoi il allait être question, mais il se prépara à lutter contre cet obstacle imprévu qui surgissait encore devant sa volonté.

— Je vous supplie de m'écouter, — dit doucement l'ermite, — croyez que je suis avant tout un homme de paix, et que je ne voudrais pas jeter sans raison le trouble dans une famille.

— Parlez donc, mon frère, je vous écouterai avec toute la patience que je suis susceptible d'avoir.

— Vous n'ignorez pas, sans doute, que mademoiselle Blanche a daigné venir visiter en moi le plus humble de tous ses serviteurs, et qu'elle a bien voulu recourir au peu de lumière dont le ciel daigne m'éclairer sur la situation présente.

— Je lui avais en effet accordé cette permission, mais je ne lui avais pas demandé quel était le but de cette étrange démarche.

— Je suis heureux en vous l'apprenant de vous instruire de sa soumission absolue, quoique pénible, à vos moindres désirs.

— Alors, que voulez-vous?

— C'est que si cette pauvre victime n'ose

point protester, c'est moi qui protesterai pour elle.

— Vous !

— Oui, monsieur le chevalier. J'ai trop d'affection et de dévouement à votre illustre famille, que je connais de longue date, pour ne point chercher à écarter d'elle le malheur qui la menace.

— Un malheur !

— J'aurais dû dire : le déshonneur qui va l'entacher.

— Ah ! prenez garde, mon frère ! — s'écria le chevalier violemment agité, — ce que vous dites-là est grave !

— Je connais la portée des paroles que j'emploie. Je n'ai pas toujours été ce que vous me voyez aujourd'hui ; moi aussi j'ai appartenu jadis à la noblesse. Si je suis déchu du rang que j'aurais dû occuper, la faute en est à moi d'abord, et ensuite au vicomte Henri de Douges.

— Vous le connaissez ?

— Depuis vingt-cinq ans bientôt.

— Alors, vous savez…

— Je sais que c'est le plus grand misérable

que la terre ait porté. Je vais vous faire ici
une confession entière de ma vie : je l'abré-
gerai le plus possible, afin de vous éviter le
récit fastidieux d'événements malheureusement trop fréquents. J'appartenais à une
honorable famille de noblesse champenoise ;
jeune encore, sans expérience et tourmenté
du désir ardent de voir la cour, je m'enfuis
de la maison paternelle, et je vins m'engouf-
frer dans l'abîme de cette Babylone moderne
qui s'appelle Paris. Ce fut ma première faute.
Les commencements de mon séjour furent
dorés, mais bientôt les ressources vinrent à
me manquer, je me laissai aller à la dé-
bauche, et pour trouver de quoi satisfaire à
mes passions, je me laissai enrôler, dans une
nuit d'ivresse, au service du seigneur de
Lafeyman.

— Je vous plains, mon frère.

— C'est ainsi que je suivis la cour, dans un des voyages qu'elle fit à Nantes. Plus je cherchai à m'étourdir sur l'étrange métier que j'exerçais, plus je tombai bas dans ma propre estime, jusqu'au jour où le vicomte de Douges vint me précipiter au fond de l'abîme. J'étais resté à Nantes avec celui qui m'avait enrôlé dans la bande de Lafeyman. Il se nommait le chevalier de Bretteville. Nous parcourions les environs à la recherche des aventures, lorsqu'un jour que nous étions à Douges en train de boire notre dernier écu, un homme vint s'asseoir à notre table, et se fit servir du vin d'Anjou, pendant que nous savourions modestement une mauvaise piquette. Quand il vit que nous

jetions sur le flacon qu'il dégustait des regards de convoitise, il fit apporter deux ver-
res, si bien qu'au bout d'une demi-heure,
mon camarade et moi étions ivres-morts.
C'est alors que cet homme nous proposa, de
la part du vicomte de Douges, qui n'était
alors que baron, le honteux marché auquel
l'ivresse et la vue de l'or nous fit consentir.

L'ermite du bourg de Batz raconta alors
au chevalier de Kerlédé, dans les plus
grands détails, le meurtre du chevalier d'Escoublac.

— Jusque-là, — continua-t-il, — j'avais
bien tiré l'épée, mais au moins mon ennemi
se défendait-il ! Mon corps en a conservé les
marques ! L'horreur que m'inspira ce for-

fait, dont je ne fus que le spectateur, fut telle, qu'elle me dégrisa comme par enchantement, et qu'elle me fit sonder enfin la profondeur de l'abîme dans lequel j'étais tombé. C'est alors que je résolus de rompre avec un passé odieux, et d'expier par une vie exemplaire le meurtre dont j'avais été complice. Je retournai en Champagne pour solliciter de mon père un pardon généreux, mais j'avais lassé la patience de Dieu ! Mon père était mort désolé et m'avait maudit, ma mère l'avait suivi dans la tombe, j'étais seul au monde avec mes remords. Je résolus, dans cette douloureuse extrémité, de venir vivre dans les environs de l'endroit où j'avais commis un crime, et c'est ainsi que je me fixai au Bourg-de-Batz, d'où j'aperçois les tourelles du château d'Escoublac, qui me rappellent chaque jour la faute dont j'essaie de faire pénitence. Et maintenant que j'ai confessé devant vous les erreurs de ma jeunesse, maintenant que je me suis humilié à vos yeux, je vous demande comme seule faveur de taire un nom que j'ai dépouillé, afin de le conserver honorable et honoré pour un frère qui me croit mort et que je ne veux point désabuser.

— Ne craignez rien, mon frère, — dit le chevalier de Kerlédé, — vous ne courez aucun risque à vous confier à moi, je suis gentilhomme et je sais à quoi ma parole m'engage. Soyez donc certain que rien ne sera révélé de ce que vous venez de m'avouer. Je vous adresserai une seule question.

— Je suis à vos ordres.

— Est-ce avec le vicomte de Douges que vous avez traité au sujet du crime dont vous parlez?

— Non, monsieur le chevalier, c'est avec Raymond, son valet de chambre, qui ne l'a jamais quitté, m'a-t-on dit, et qui a assassiné de sa main M. d'Escoublac.

— Alors permettez-moi de douter encore. Il se peut que ce valet ait voulu abriter à vos yeux sa responsabilité derrière un nom plus sérieux, il est possible que le vicomte soit demeuré étranger à un drame qu'il n'avait point ordonné. Voyez-vous, mon frère,

le vicomte a derrière lui un passé qui le met
à l'abri de pareilles accusations, s'il n'y a
pas contre lui d'autres preuves que ce que
vous m'avez raconté, et que vous ne voudriez
certes pas divulguer ; or, sans preuves...

— N'est-ce que cela qu'il vous faut ? —
demanda l'ermite du Bourg-de-Batz.

— Seriez-vous à même de m'en fournir ?
—s'écria le chevalier de Kerlédé visiblement
troublé.

— Si j'appuyais mes assertions d'une déclaration écrite signée de ce Raymond, constatant l'exactitude de ce que je viens d'avancer, et nommant tous ses complices, y croi-
riez-vous ?

— Certes ; mais alors votre nom doit y figurer !

— Que voulez-vous ! ma honte sera encore une nouvelle expiation.

— Et vous pourriez me faire voir ce document ?

— Dans une heure je vous l'apporterai.

— Je consens donc à attendre jusque-là pour prononcer un arrêt définitif, mais je vous préviens que ce délai passé, la parole que j'ai donnée sera maintenue. Outre que j'ajouterai difficilement foi sans preuves matérielles à l'infamie d'un gentilhomme aussi haut placé que le vicomte de Douges, il est possible, et même probable, qu'il a regretté bien amèrement ce mouvement de haine ou de colère, et qu'il l'a expié comme vous. Cependant, si vous me fournissez cette déposition, je me fais fort de me faire rendre ma parole par celui vis-à-vis de qui je me suis engagé.

— Bien que j'aie peine à concevoir votre incrédulité, en présence de l'humiliation que je me suis volontairement infligée, je me charge de vous ouvrir les yeux ; car vous êtes positivement aveuglé par le crédit de ce misérable.

— Vous êtes violent, mon frère, et fort loin des préceptes évangéliques que vous professez habituellement, mais je veux bien vous dire que dans cette affaire, tout le monde semble s'être ligué contre moi, pour en empêcher la conclusion. Or, je n'ai rien tant à cœur que de remplir mes engagements, et si je cède, ce sera devant l'évidence, et non devant les remontrances du dernier qui m'aura parlé. Je ne suis pas une girouette, je suis un Breton !

— Et plus incrédule que saint Thomas, je crois ; mais n'importe, dans une heure je vous aurai convaincu, et j'aurai sauvé votre fille des mains du démon.

— Dans une heure, soit ! je vous attends avec impatience, mon frère.

L'ermite se retira et se dirigea en toute hâte vers la maison de Pierre Mahé située, on se le rappelle, à une courte distance du château de Kerlédé.

Il pénétra, sans voir personne, jusque dans la grande salle commune de la maison de Porcé ; là il vit Marianne assise, les yeux en pleurs.

— Qu'avez-vous, bonne femme? — demanda-t-il.

Marianne n'entendait pas.

— Qu'avez-vous?—demanda de nouveau l'ermite.

Marianne était immobile, son œil sans regard flottait dans le vague, des larmes silen-
cieuses sillonnaient ses joues, c'était un triste
spectacle à contempler, c'était la statue de
la Douleur.

L'ermite s'approcha d'elle, lui posa doucement la main sur le bras.

— Que me voulez-vous? — demanda-
t-elle en bondissant comme mue par un
ressort. Puis apercevant la robe du solitaire.
— Oh! pardon, mon père!

— Que veulent dire ces larmes, ma sœur?
Quel malheur vous a frappée?

— Le plus cruel de tous ceux que Dieu
pût m'envoyer.

— Votre fils est-il mort ?

— Mon fils ! — s'écria Marianne dont la
douleur égarait la raison, — je n'en ai
pas !

— Silence, — dit l'ermite, — vous vous
trahissez ! Mais alors, — ajouta-t-il épou-
vanté, — c'est donc Pierre Mahé qui est
mort !

— Hélas ! — s'écria Marianne dont les
pleurs redoublèrent, — hélas !

L'ermite demeurait atterré.

— Seigneur, — dit-il, — que votre volonté soit faite ! Vous m'avez jugé indigne de contribuer à une bonne œuvre, mais voilà certainement le plus cruel de tous les châtiments qu'il vous a plu de m'infliger !

Et il sortit bouleversé.

XXXV

Aux grands maux, les grands remèdes.

Lorsque son père l'avait quitté, Raoul,
habitué à ses fréquentes absences, ne s'était
pas effrayé de voir la nuit s'écouler sans
qu'il revînt; mais lorsque le jour parut,
lorsqu'Hector vint le visiter, cette absence
prolongée l'inquiéta visiblement, et il réso-

lui de se mettre à sa recherche partout où son père avait coutume d'aller. En vain Hector et Marianne voulurent-ils s'interposer pour l'empêcher de sortir, en vain essayèrent-ils de lui représenter qu'il risquait de compromettre le succès des démarches que l'on avait tentées, rien ne put le retenir, il partit.

Après avoir exploré la côte, après avoir dévoré l'espace qui le séparait du château d'Escoublac, où il savait que son père allait fréquemment, il revint désolé à la maison de Porcé, et résolut en dernière ressource d'aller au couvent de Saint-Marc. Il consola de son mieux l'infortunée Marianne, et se dirigea sans prendre haleine de ce côté, bien décidé à recourir au nom magique de son

père pour faire ouvrir devant lui les portes
de la sainte retraite.

Pendant ce temps, l'ermite regagnait tris-
tement le château après avoir hésité longtemps à y retourner.

Lorsqu'il y entra, Marthe qui était aux
aguets frémit en voyant la physionomie
consternée du pauvre ermite, qui se dirigea
sans mot dire vers l'appartement du chevalier de Kerlédé.

— M'apportez-vous ces preuves? — dit
celui-ci en se levant dès qu'il vit entrer le
saint homme.

— Monsieur le chevalier, la Providence a

des voies impénétrables! Ces preuves que
j'avais hier entre les mains, sont peut-être
à l'heure qu'il est au pouvoir de nos ennemis! Pierre Mahé avait passé sa vie à les
chercher, il les avait enfin trouvées, il devait vous les communiquer aujourd'hui
même; Pierre Mahé n'a pas reparu!

— Eh! que me fait l'histoire de cet intri-
gant! Vous n'avez pas ces preuves?

— Hélas non, mais ma parole...

— Je vous ai déjà dit que vous aviez pu
vous tromper. Que diable! on ne fait pas
ainsi d'un mot décheoir un homme comme le
vicomte de la position et du rang qu'il occupe! Je vous promets le secret, c'est tout

ce que je puis faire ; mais il a ma parole, il
épousera ma fille.

— Mais elle en mourra, monsieur le chevalier !

— Bah ! cela se dit tous les jours, et cela
n'arrive jamais. A revoir, mon frère, je vous
préviens que dans deux jours il ne sera plus
temps !

— Je vous plains, monsieur le chevalier,
vous êtes aveuglé par le démon.

— Plaît-il ?

— Je dis que ce misérable vous a fasciné,

comme fait le serpent de sa proie ! Je dis
que vous ne voyez en lui que son nom, que
son luxe, que sa richesse ! Je dis que vous
faites le malheur de votre enfant, et que
Dieu vous demandera compte un jour de
l'acte que vous allez accomplir !

— Assez, je vous prie ! j'ai été patient à
vous écouter, tant que j'ai cru voir un fonds
de vérité dans ce que vous m'avez dit ; ce
que je vous demandais, vous n'avez pas pu
me le donner, qu'il ne soit plus question de
rien de semblable ! Mais sachez que j'ai assez
d'expérience pour me conduire ; comme
vous et plus que vous peut-être, j'ai cou-
doyé les hommes et les choses ; je saurai me
diriger sans peine. J'ai donné ma parole, et
chacun a pris à tâche de me contrecarrer !

Ce que je veux avant tout, c'est le respect de ma volonté, je veux qu'elle s'accomplisse, elle s'accomplira !

— Je prie le ciel qu'il vous éclaire ! — dit l'ermite en se retirant.

Comme il traversait le vestibule, il trouva de nouveau Marthe sur son passage qui l'interrogeait du regard.

— Il n'y a plus d'espoir qu'en Dieu, — dit-il. Et il disparut.

Marthe alla sur-le-champ informer sa jeune maîtresse des paroles décevantes que lui avait adressées l'ermite du bourg de

Batz. Dire quel fut le désespoir de Blanche est impossible ! Ses larmes se firent jour à travers ses paupières brûlantes ; sa poitrine, soulevée par des sanglots convulsifs, haletait bruyamment ; sa douleur était navrante! Marthe se tenait debout devant elle, triste et affligée, invoquant mentalement tous les saints du calendrier. Il semblait à la pauvre fille que le paradis tout entier dût s'émouvoir, et empêcher l'union de Blanche avec le vicomte de Douges.

Il y avait une heure au moins qu'elles se trouvaient ainsi en présence, sans échanger une parole, quand un homme se présenta qui demandait à parler à mademoiselle Blanche. On crut qu'il s'agissait d'une souffrance à soulager, d'une misère à secourir, il fut donc introduit sans difficulté auprès d'elle. Ce qui rendait cette supposition assez fondée, c'est que cet homme était vêtu en paysan, et qu'il n'avait même pas pris le temps de mettre ses beaux habits; il se présentait au contraire en costume de travail.

Lorsqu'on le fit pénétrer dans la petite pièce attenant à la chambre de Blanche, il se trouva tout à coup en présence de deux femmes désolées, et fut certainement plus embarrassé qu'elles.

La jeune fille, arrachée violemment à sa douleur, surprise par un étranger au moment où se traduisait une affliction qu'elle aurait voulu cacher, en conçut d'abord quelque peu de mauvaise humeur.

— Que me voulez-vous ? qu'on me laisse ! — dit-elle brusquement.

L'homme ainsi interpellé, déjà fort mal à son aise, perdit pour le coup toute sa présence d'esprit, et chercha partout son chapeau pour s'en aller, bien qu'il fût venu nu-tête.

Heureusement pour lui, le mouvement d'impatience échappé à Blanche ne fut pas de longue durée, son bon naturel reprit le dessus, son regard s'adoucit, l'expression de sa voix changea comme par enchantement, elle eut un sourire triste et résigné.

— Que me voulez-vous, mon brave homme ? — demanda-t-elle. — Avez-vous besoin de quelque chose ?

— Non... mademoiselle, — répondit-il en balbutiant.

— Remettez-vous, mon ami, et excusez un moment d'impatience que je me reproche. Vous n'avez besoin de rien ?

— Non, ma bonne demoiselle... c'est au contraire moi qui... je venais vous apporter une lettre, — dit-il résolûment avec le plus grand courage,

— Une lettre, — dit Blanche étonnée. — De qui ?

— Ah ! dame, — fit le paysan en se grattant la tête et en regardant Marthe.

— Eh bien ! achevez ! Donnez-moi cette lettre.

Le paysan regardait toujours Marthe avec défiance. Blanche comprit tout.

— Vous pouvez parler devant Marthe, — dit-elle, — elle connaît tous mes secrets.

— C'est qu'on m'a bien recommandé de ne la remettre qu'à vous seule.

— C'est donc bien important ?

— Je n'en sais rien ! Pourtant le jeune homme m'a dit de me faire tuer plutôt que de la remettre à un autre que vous et de la laisser prendre.

— Quel jeune homme ?

— Je ne le connais pas, il était chez l'abbesse quand elle m'a fait appeler.

— De qui vient donc cette lettre ?

— De la supérieure du couvent dont je suis jardinier.

— Et vous dites qu'il y avait un jeune homme chez elle ?

— Ah ! pour ça oui ! Un beau brin de gars
qui vous a une belle figure !

— Le connaissez-vous ?

— Je l'ai vu passer quelquefois dans le
pays ; je crois qu'il se nomme monsieur.....
monsieur... Raoul !

Blanche rougit, s'empara vivement de la
lettre et remit une pistole au jardinier, qui
ne pouvait pas comprendre que l'on payât
si cher une lettre qu'on n'avait pas lue: Cependant la vue de l'or le réjouit, il eut un
sourire intraduisible, cligna finement de
l'œil en ayant l'air de dire : Je vois ce que
c'est ! et il disparut tout courant.

Voici ce qui s'était passé.

Raoul, toujours inquiet sur le sort de son père, s'était rendu seul au couvent, et avait fait demander à l'abbesse un moment d'entretien, en disant que Pierre Mahé ne pouvait pas venir, et qu'il se présentait de sa part.

Il ne remarqua pas l'émotion peinte sur le visage de l'abbesse lorsqu'il pénétra chez elle, ou, s'il la remarqua, il ne chercha pas à se l'expliquer.

— Pourquoi Pierre Mahé n'est-il pas venu lui-même? — demanda l'abbesse remise de son trouble.

Raoul entendait pour la première fois le

son de cette voix retentir à son oreille, et pourtant il lui semblait l'avoir entendue déjà.

— Je venais précisément vous demander si vous ne pouviez pas me le dire, madame ?

— Ce n'est donc pas lui qui vous envoie ?

— Mon père a disparu depuis hier soir, je l'ai déjà cherché de tous côtés, personne ne l'a vu, ma mère se désole, et moi-même... j'étais venu ici, non pas pour vous importuner de ma douleur, madame, mais pour vous demander si vous ne l'aviez pas vu. Je sais qu'il vient quelquefois ici, et qu'il a l'honneur d'être bien accueilli, c'est ce qui m'a enhardi à risquer cette démarche.

— Et vous avez bien fait ! Mais cette disparition est étrange et m'inquiète, car j'at-
tendais justement Pierre Mahé aujourd'hui.
Ne vous l'a-t-il pas dit, mon enfant?

— Non, madame.

— Appelez-moi ma mère; le voulez-vous?

— Très-volontiers, ma mère.

— Je crains un grand malheur, mon enfant! — dit l'abbesse avec une émotion violente. — Mais Dieu ne l'aurait pas permis!

Et cependant le temps presse, il faut agir!

— Parlez, ma mère, je suis tout à vos ordres, — dit Raoul subjugué par le charme qu'il ressentait involontairement au son de cette voix qui lui allait au cœur.

— Pierre Mahé ne vous a-t-il jamais rien dit concernant les entretiens que j'avais avec lui?

— Jamais, ma mère.

— En ce cas, écoutez-moi! Je vais tout vous apprendre. Je m'intéresse à lui... pour des raisons qu'il serait trop long de vous expliquer en ce moment. Or, il m'a instruite de votre amour pour mademoiselle de Kerlédé, et j'ai résolu de vous servir, autant par affection pour vous que pour éviter à cette pauvre enfant la douleur d'épouser le vicomte de Douges.

— Oh! soyez bénie, ma mère, — dit Raoul avec effusion en se précipitant aux genoux de l'abbesse de Saint-Marc.

Elle allait lui tendre les bras, lorsqu'une réflexion pénible l'arrêta et la rappela subitement à elle-même.

— Le vicomte de Douges m'avait promis hier de renoncer à la main de Blanche, car

Pierre Mahé avait en main de quoi le perdre..
Voulez-vous que je vous dise ce qui me fait
trembler ? C'est que je viens de recevoir du
vicomte une lettre d'insolentes bravades, et
que je ne vois pas Pierre Mahé.

— Comment ! — s'écria Raoul en bondissant. — Supposeriez-vous que le vicomte
l'aurait tué ! Si je le savais !...

— Non, mon enfant, calmez-vous.

— Oh ! cet homme, je le hais !

— Je vous en supplie, mon enfant, écoutez-moi.

— J'obéis, ma mère, — répondit Raoul, calmé tout à coup par les prières de l'abbesse.

— Pour le moment, ce qu'il faut empêcher à tout prix, c'est le mariage de Blanche.

— Oh! vous avez raison, ma mère!

— Je ne vois plus qu'un moyen, mais il est violent; je ne sais si Blanche voudra s'y résoudre.

— Oh! si elle vous entendait comme moi, si elle subissait aussi l'influence de vos douces paroles, si elle écoutait tomber de vos lèvres les consolations encourageantes que vous employez, elle aurait certainement recours à ce moyen, fût-il extrême !

— Il s'agit de la décider à venir se réfugier auprès de moi.

— Quoi ! vous consentiriez à la recevoir ?

— Je lui écrirai même pour l'engager à venir me demander asile.

— Mais que vous ai-je fait, ma mère, pour que vous vous intéressiez tant à moi ?

— Oh ! mon enfant ! que ne ferais-je pas

pour vous... et pour votre père, — ajouta-
t-elle après une légère hésitation.

— Oh! parlez, ma mère! Peut-être vous
devrai-je mon bonheur, car alors seulement
je me rattacherai à la vie, alors seulement
j'aurai recours aux bonnes grâces de Ma-
zarin. Pour elle, voyez-vous, ma mère, je
consens à subir toutes les humiliations,
pourvu que j'arrive à me faire un nom! Un
nom! une position! Hélas! je n'ai rien de
tout cela, moi! Je suis un Mahé!

— Quoi! vous rougiriez de ce nom?

— A Dieu ne plaise! Je sais trop ce que
je dois à mon père pour lui infliger cette
douleur. Ce que je maudis et bénis à la fois,

c'est l'amour qui s'est emparé de mon être,
qui déchire mon cœur avec des alterna-
tives de souffrance et d'espoir, au point que
je me trouve ingrat vis-à-vis de ceux à qui
je dois tout! Oh! tenez, ma mère, je puis
vous le dire, à vous qui êtes bonne et in-
dulgente, à vous en un mot qui êtes femme,
je ressens parfois des ardeurs au-dessus de
mon rang, des aspirations ambitieuses pour
lesquelles je ne suis pas né. Qui donc a mis
en moi ces brûlantes effluves? Est-ce Dieu
pour m'encourager? est-ce le démon pour
me tenter? Je m'y perds!

— Oh! mon sang! mon sang! comme il
a parlé! — pensait l'abbesse radieuse en
écoutant Raoul.

—Qu'a-t-on fait pour empêcher ces élans involontaires que je ressentais? M'a-t-on fait voir qu'ils étaient déplacés? M'a-t-on rappelé que mon origine devait me les interdire? Non, on m'a fait entrevoir, au contraire, dans l'avenir un horizon enchanteur, si on ne m'a pas encouragé ouvertement, du moins on m'a crié : Espère! espère! Et aujourd'hui, voilà que je suis à la veille de perdre le seul bien que j'aie désiré, voilà que l'amour de Blanche va m'échapper! Mais je souffrirai mille morts plutôt que de renoncer à elle! J'ai jusqu'ici tenu fidèlement la parole que j'avais donnée à mon père, mais du jour où le vicomte épousera celle que j'aime, je suis dégagé de mon serment, et ce jour sonnera l'heure de sa mort et de ma vengeance !

— Calmez-vous, mon enfant, — dit l'abbesse épouvantée de l'exaltation de Raoul, — je vais écrire à celle que vous aimez; essayez de votre côté de la décider, je réponds de tout! Je saurai la garder même en dépit de son père! Qu'elle vienne, et je saurai maintenir le droit d'asile contre le gouverneur, contre le ministre, contre le roi même! Allez, mon enfant! A mon tour je vous crie : Confiance! Espoir! Allez!

— Je ne sais ce que j'éprouve, mais, en dépit de l'amertume que je ressens au fond du cœur, vos paroles sont un baume qui calme mes douleurs secrètes; je vous écoute, et je sens s'évanouir mes craintes! Quel est le charme que j'éprouve? Dieu a-t-il revêtu votre forme pour me consoler ? Parlez, oh ! parlez encore !

— Calmez la surexcitation à laquelle vous êtes en proie, mon enfant, je vous aime et je veux vous voir heureux. C'est à votre joie que je consacrerai ce qui me reste de jours sur la terre. Vous n'êtes pas seul encore, et Pierre Mahé dût-il ne pas revenir, vous me trouverez avec vous luttant contre vos ennemis !

— Merci, ma mère, merci ! Je ne cherche pas à m'expliquer l'intérêt que vous me portez ! Je ne veux pas voir clair dans les ténèbres qui m'environnent ; si le bonheur dépend pour moi de mon aveuglement, je garde le bandeau salutaire qui me couvre les yeux, et je m'abandonne à votre bonté ! Vous serez le pilote qui me conduira au milieu des précoces tempêtes qui assaillent ma jeunesse : j'ai confiance, j'aime, je suis aimé !

— Allez donc en paix, mon enfant ! Dans une heure Blanche aura reçu ma lettre ; agissez de votre côté ! Faites en sorte de la décider à venir me demander un refuge contre les violences dont on l'entoure ! Dieu nous pardonnera cette iniquité en raison des motifs qui nous font agir.

Raoul était tombé à genoux ; il tenait, pressée dans les siennes, la main de l'abbesse de Saint-Marc.

— Relevez-vous, mon fils, et embrassez-
moi, dit-elle.

Il se précipita dans les bras qui lui étaient
ouverts, et pour la première fois Raoul sa-
voura, sans le savoir, les caresses d'une
mère.

Une demi-heure après, il était rentré chez
lui, et il y attendait avec impatience l'arrivée d'Hector.

Dès qu'il le vit, il lui raconta l'issue de
son entrevue avec l'abbesse; Hector sourit
avec bonheur au projet nouvellement conçu,
et le quitta en promettant de décider sa
sœur à se réfugier en dernière ressource au
couvent de Saint-Marc.

XXXVI

La fuite.

Pendant qu'Hector se dirigeait vers le château de Kerlédé, pour porter le dernier coup aux indécisions de sa sœur, Raoul, toujours préoccupé de la disparition subite de son père, se mettait à sa recherche avec une nouvelle ardeur, après avoir essayé de prodiguer à Marianne d'inutiles consolations.

Lorsqu'Hector arriva chez Blanche, il la trouva tenant gravement conseil avec Marthe. Lorsqu'elle vit entrer son frère, elle ne lui adressa pas un mot, elle se contenta de lui tendre la lettre que l'abbesse du couvent de Saint-Marc venait de lui envoyer.

Cette lettre était ainsi conçue :

« Ma chère enfant,

« Bien que je n'aie aucun titre à mériter « votre confiance, je ne puis rester insen- « sible à la position dans laquelle vous vous

« trouvez aujourd'hui , position dont vos
« amis m'ont instruite en me demandant ma
« faible assistance. Un instant, j'avais espéré
« pouvoir vous être utile, et anéantir sans
« effort les projets d'union dont vous êtes
« victime. Dieu ne l'a pas permis sans
« doute ; mais, comme je tiens à vous prou-
« ver combien je m'intéresse à votre bon-
« heur, je viens soumettre à votre précoce
« sagesse le parti extrême auquel vos amis
« et moi nous nous sommes arrêtés en der-
« nier lieu. J'ose espérer que vous consenti-
« rez à y recourir en présence des difficultés
« insurmontables qui nous entourent, et
« surtout devant l'imminence du danger qui
« menace votre avenir.

« Le seul moyen que nous ayons entrevu

« de vous soustraire au vicomte de Douges,
« c'est de venir demander asile à Dieu con-
« tre la violence des hommes. Cet asile, je
« suis prête à vous l'offrir. C'est un droit
« qui fut jadis accordé par Charles IX
« au couvent dont j'ai l'honneur d'être ab-
« besse, et que je vous jure de faire respec-
« ter jusqu'à ce que nous avisions à d'autres
« moyens de détourner le coup qui vous
« menace.

« Venez donc à moi, mon enfant, vous
« trouverez en moi une mère pleine de ten-
« dresse et de sollicitude, et vous me remer-
« cierez, j'en suis sûre, lorsque luira le jour
« prochain où vous sera expliqué l'intérêt
« que je vous porte.

« Je regrette de vous offrir cette dernière
« ressource contre l'inflexible volonté de
« votre père, mais Dieu me le pardon-
« nera puisqu'il a permis que j'en conçusse
« le projet.

« Si le bonheur vous est cher, ne tardez
« pas à venir vous jeter dans mes bras, je
» vous attends. Vous pourrez emmener
« Marthe avec vous. Elle et moi sommes
« d'anciennes connaissances.

« Votre bien affectionnée mère,

« JULIE, abbesse de Saint-Marc. »

Lorsqu'Hector eut pris connaissance de

cette lettre, sa sœur le regarda avec anxiété
comme pour lui demander ce qu'elle devait
faire.

— Je savais déjà, ma chère Blanche, que
cette lettre devait te parvenir, et j'en connaissais le sens. Il faut se hâter de prendre
un parti ; songe qu'après-demain tu seras
vicomtesse de Douges.

— Tout le monde s'est donc donné le mot
pour me tenter ! — s'écria Blanche douloureusement. — Marthe me conseille la fuite ;
l'abbesse de Saint-Marc, dont la sainteté est
bien connue, m'offre un asile, et toi, mon
frère, tu sembles me pousser aussi à recourir
à elle.

— J'avoue, — dit Hector, — que je te le conseillerai de toutes mes forces, si tu éprouves réellement quelque amour pour Raoul, et quelque horreur pour le vicomte. Qu'y a-t-il de plus naturel que de se réfugier dans le sein de Dieu, et qui donc osera te jeter la pierre? Il est impossible, ma chère Blanche, que notre père persiste plus longtemps dans les idées qu'il a conçues. Quant à moi, je suis décidé, en dépit des serments que tu as exigés de moi, à ne pas souffrir ton malheur, et à tuer le vicomte. Raoul a les mêmes projets, ou je me trompe fort. Il n'y a donc que ce moyen possible de détourner une série de malheurs inévitables, et d'empêcher le sang de couler. Réfléchis mûrement à mes paroles ; ce soir à dix heures je viendrai chercher ta réponse, et je te conduirai moi-même au couvent de Saint-Marc.

Hector se retira et laissa Blanche avec Marthe en proie au chagrin le plus violent. Enfin, après avoir longuement prié, après avoir demandé pardon à Dieu de sa déso-béissance aux volontés de son père, elle se décida à prendre la résolution que lui con-seillaient tous ses amis, et que son cœur lui dictait plus encore, et hâta de tous ses vœux le moment critique où elle devait échapper aux persécutions qui la poursuivaient de-puis plus de six mois déjà.

Lorsque vint le soir, elle se fit aider par Marthe dans ses préparatifs de départ, emporta quelques vêtements de rechange, et attendit impatiemment l'heure qui lui avait été fixée par son frère. Le ciel était couvert de nuages menaçants, une bise froide soufflait bruyamment au dehors, faisant entendre dans les corridors du château ses sifflements plaintifs, la nuit était noire et les arbres dépouillés se balançaient au gré du vent. Enfin dix heures sonnèrent.

Fidèle à sa promesse, Hector se présenta chez sa sœur à l'heure convenue, et la trouva prête à le suivre, l'œil sec et le regard déterminé.

— Partons, — dit-il, — l'abbesse de Saint-Marc est prévenue, elle nous attend. Raoul est en bas et veille à ce que personne ne vienne nous surprendre.

— Allons ! — dit Blanche résolûment, — et que Dieu nous protège !

Au moment où ils atteignaient l'escalier qui aboutissait à la plate-forme du château, ils entendirent un bruit de voix étouffé. Hector se détacha du groupe pour voir ce que cela signifiait et trouva Raoul le pistolet au poing, maintenant de son autre main un homme qui ne songeait guère à se défendre.

Dès que Raoul aperçut Hector :

— Fuyez, sans perdre un instant, — dit-il, — je veux empêcher ce vilain hibou de chanter, je vous rejoindrai en chemin. Fuyez !

Blanche et Marthe s'éloignèrent tremblantes, guidées par Hector, tandis que Raoul protégeait leur fuite.

— Qui êtes-vous ? — demanda-t-il à l'homme qu'il étreignait convulsivement.

— Comment voulez-vous que je vous réponde, vous m'étranglez !

— Jures-tu de ne faire aucun mouvement, de ne pousser aucun cri ?

— Je le jure ! — dit le malheureux qui sentait sur son front le canon d'un pistolet.

— C'est bien ! Réponds-moi sur-le-champ ! Qui es-tu et que faisais-tu là ?

— Je me promenais tranquillement.

— Par le froid qu'il fait ? — dit Raoul d'un air de doute.

— Oui, mon bon seigneur !

— Ventrebleu ! — s'écria Raoul, — n'est-ce pas ce coquin de Raymond que je tiens-là ?

— C'est bien lui ! — répondit Raymond d'un air piteux.

— Je ne sais ce qui retient mon bras, car j'aurais bonne envie de t'administrer une rude correction, maître drôle ?

— Que vous ai-je fait, mon bon seigneur !

— Ton plus grand crime est d'appartenir au vicomte.

— Vous n'êtes pas de ses amis, à ce qu'il paraît !

— Oh non ! — s'écria Raoul avec l'accent de la haine.

— A qui diable ai-je affaire ? — pensait Raymond qui croyait Raoul à Paris.

— Écoute bien, — dit celui-ci. — Si tu tiens à la vie, garde-toi bien de jamais révéler ce que tu viens de voir, et rends grâce à Dieu si je ne t'écrase pas sur-le-champ comme une bête venimeuse.

— Je le jure par tous les saints du Paradis ! — s'écria Raymond au comble de la peur.

— Bien ! mais je te jure à mon tour que si tu manques à ton serment, tu es un homme mort !

— L'imbécile ! — pensa Raymond qui se

laissait garrotter sans mot dire.—A sa place,
je tuerais tout de suite !

—Adieu ! — lui dit Raoul, — souviens-
toi bien de mes paroles. Le silence ou la
mort.

Et il disparut à son tour sur les traces
des fugitifs, laissant Raymond solidement
attaché à un arbre en dépit du froid cuisant qui se faisait sentir.

Il eut bientôt rejoint ses amis, malgré
les ténèbres épaisses de la nuit. Blanche
marchait avec peine ; ses forces, épuisées
par les luttes violentes auxquelles elle était
depuis longtemps en proie, menaçaient de
l'abandonner à chaque pas. Elle s'appuyait

convulsivement sur le bras d'Hector, car
Marthe embarrassée de paquets ne lui était
d'aucun secours. La présence de Raoul ra-
nima son courage, mais au bout de quelques
pas il lui devint impossible d'avancer, elle
se cramponna au bras de ceux qui la sou-
tenaient et serait infailliblement tombée si
Raoul ne l'eût secourue.

— Ne perdons pas de temps, — dit-il, —
nous avons été surpris par le valet de chambre du vicomte, et quoique je l'aie solidement attaché, il est à craindre qu'on ne se
mette à notre poursuite avant que nous
n'ayons atteint l'asile sacré.

Il enleva doucement de terre la jeune
fille évanouie, et grâce à sa force extraor-

naire leur marche ne fût pas ralentie par
ce fardeau. C'était la première fois que
Raoul sentait battre auprès du sien le cœur
de celle qu'il aimait, l'ivresse qu'il ressentit
décupla ses forces et ils arrivèrent sans encombre au couvent.

Après avoir remis entre les mains de
l'abbesse la jeune fille toujours évanouie,
ils se retirèrent après être convenu qu'Hector informerait celle qui servait si utilement
leur cause de tout ce qui se passerait.
Quant à Raoul, malgré les sages représenta-
tions de son ami, il ne voulut pas consentir à rester caché, et résolut d'envoyer à
Nantes un exprès pour savoir si Pierre Mahé
ne se trouverait pas chez maître Lanoë,
bien qu'il n'eût pas annoncé l'intention de

s'y rendre, ainsi qu'il avait l'habitude de le faire.

Lorsque Blanche revint à elle, elle jeta sur les objets qui l'entouraient un long regard étonné, et parut surprise de se trouver couchée dans une modeste cellule. L'abbesse de Saint-Marc était auprès d'elle et cherchait à la ranimer.

— Où suis-je? — dit Blanche en passant la main sur son front, et en cherchant à recueillir ses idées.

— Ne craignez rien, mon enfant, vous êtes dans la maison de Dieu.

— C'est vrai ! — s'écria la jeune fille en fondant en larmes.

— Calmez-vous, mon enfant, vous êtes ici loin des orages de ce monde, dans l'asile de paix et de tranquillité. Versez dans le sein de Dieu les chagrins qui vous dévorent, c'est en lui que vous trouverez les consolations dont vous avez besoin.

— Que va dire mon pauvre père !

— Rassurez-vous, ma fille, j'essayerai de lui faire comprendre combien est cruel l'arrêt de ses volontés. Vous pouvez vous confier à moi sans crainte, je connais vos malheurs et j'y compatis sincèrement ; vous

n'avez plus de mère dans le cœur de qui
vous puissiez épancher vos douleurs, je la
remplacerai, je serai pour vous tendre et
dévouée, je vous protégerai de mon autorité. Nul ne peut vous arracher de ces lieux
tant que je serai près de vous pour vous
défendre.

— Que vous êtes bonne, madame! —
s'écria Blanche à travers les sanglots qui
soulevaient sa poitrine. — Oh! je sens que
je vous aime déjà, car vous venez de me
sauver !

— Croyez que ma seule ambition est de
vous créer un avenir heureux, et que je
chercherai de toutes mes forces à contribuer
à votre bonheur.

— Hélas ! en est-il encore pour moi ! N'ai-je pas rompu violemment avec les devoirs les plus sacrés que m'imposait la piété filiale. Peut-être la main de Dieu s'appesantira-t-elle sur moi pour me punir !

— N'ayez pas d'inutiles scrupules , mon enfant, ce n'est pas moi qui vous pousserais à mal faire, et pourtant c'est moi qui ai proposé le moyen extrême que nous avons employé. Dieu, au contraire , prendra en pitié vos souffrances, vous avez fait trop de bien pour qu'il ne vous en tienne pas compte, et ce bien sera d'un grand poids dans la balance où il pèse les destinées humaines !

Après avoir consolé de son mieux l'in-consolable jeune fille , elle l'installa dans une cellule de novice, et plaça la fidèle Marthe à côté de sa jeune maîtresse.

Puis elle se retira pour chercher dans la prière le calme et la paix qui l'avaient abandonnée, bien qu'elle fît tous ses efforts pour les faire renaître dans le cœur de ses amis désolés.

XXXVII

Encore frère et sœur !

L'infortuné Raymond grelottait, solidement attaché au tronc vigoureux d'un chêne,
il était menacé de passer la nuit là, et
bien qu'il fût religieusement couvert selon
que l'exigeait la saison, le froid commençait à le pénétrer de son terrible aiguillon.

lorsque, fort heureusement pour lui, Hector vint à passer. Il entendit de vagues plaintes, s'approcha doucement pour savoir d'où elles s'échappaient, car Raoul n'avait pas eu le temps de lui rien dire, et il trouva le valet grelottant. Son nez, ordinairement rouge, était devenu du plus beau violet, ses joues couperosées avaient en partie adopté la même teinte, et ses membres doublement engourdis par le froid et par les liens qui les retenaient, étaient d'une rigidité cadavérique.

Lorsque Raymond reconnut Hector, à la clarté douteuse des étoiles qui avaient enfin percé leur enveloppe de nuages, il crut que sa dernière heure avait sonné, et la peur produisit chez lui ce que le froid n'avait pas encore fait, il se mit à claquer des dents.

Hector le contempla quelques secondes, fit quelques pas pour s'éloigner, mais il eut pitié de ce malheureux et s'approcha pour le détacher. Raymond le remercia en termes chaleureux, et courut se venger sur une bouteille inoffensive, au coin d'un bon feu, de la secousse qu'il venait de recevoir.

Il avait déjà dégusté son premier verre et s'était retourné devant le feu comme une oie à la broche, il s'endormait tout doucement dans le fauteuil où il était étendu, lorsque quelqu'un lui frappa sur l'épaule. Raymond, encore sous l'impression des événements de la soirée, fit un soubresaut violent.

— Mon bon seigneur, je ne dirai rien !— s'écria-t-il.

— Qu'est-ce à dire, maître Raymond ?

Celui-ci leva les yeux et aperçut alors le vicomte de Douges debout devant lui.

— Ah çà ! — dit son maître, — ne pourra-t-on plus vous avoir, maître fripon. D'où venez-vous à pareille heure ? Et que signifient ces paroles que vous venez de prononcer ?

— Moi ! je n'ai rien dit.

— C'est-à-dire que vous ne voulez rien

dire. De quoi s'agit-il? je veux le savoir.

— Je vous assure, maître...

— Vous mentez! De quoi s'agit-il encore?

Raymond jeta les yeux autour de lui comme s'il eût craint d'être entendu, puis faisant de la main signe de se taire, il posa un doigt sur sa bouche.

— Aussi bien, arrive que pourra! j'aime mieux tout vous dire. Cependant j'exigerai de vous un serment.

— Tu exigeras!... — fit le vicomte avec dédain.

— Ou je ne parlerai pas ! — dit Raymond en se croisant les jambes devant le feu.

— Allons, parle ! — dit le vicomte visiblement radouci ; — quel est ce serment ?

— C'est que vous ne direz à personne que c'est moi qui vous ai donné ces renseignements.

— N'est-ce que cela ! — dit le vicomte, — je t'en donne bien volontiers ma parole.

Raymond raconta alors ce qui lui était arrivé, ce qu'il avait vu, et de quelle ma-

nière il avait été garrotté, mais sans pouvoir
dire par qui.

— C'est impossible ! — s'écria son maître.

— Et pourtant cela est si vrai, — reprit
Raymond en se frottant les bras, — que j'ai
encore sur la peau la marque des cordes
avec lesquelles le mécréant m'a attaché.

— Mais es-tu bien sûr d'avoir reconnu
Blanche et sa gouvernante ?

— Je n'en suis pas autrement certain,
mais qui voulez-vous que ce soit, il n'y a
que ces deux femmes-là dans la maison, et

je jurerais que M. Hector les accompagnait ;
quant à l'autre, il faisait si noir que je n'ai
pu distinguer ses traits.

— Si c'était... mais non, il est à Paris.

— J'ai eu la même pensée, et cela ne
m'étonnerait pas, car on en revient, de Paris.

—Mais cela ressemble fort à un enlève-
ment, — dit le vicomte en se frottant les
mains.

— C'est ainsi que vous prenez la nouvelle que je vous apporte ! moi qui hésitais

à vous la confier de peur d'exciter votre colère.

— Tu es un sot, Raymond !

— Vous me l'avez déjà dit souvent, mais
je n'y ai jamais cru. Expliquez-vous !

— Ne comprends-tu pas que si Raoul a
enlevé Blanche, il me fournit lui-même
des armes pour me débarrasser de sa personne.

— Je ne trouve pas.

— Comment, double brute ! Ne vois-tu
pas que j'obtiendrai facilement contre lui

une bonne lettre de cachet, et qu'on l'oubliera dans quelque coin de prison.

— Mais avant tout, il faudrait le tenir.

— C'est ce dont je vais m'occuper à l'instant.

— Qu'allez-vous faire ?

— Parbleu ! je vais prévenir le chevalier de Kerlédé.

— Mais vous me perdez ! Je suis un homme mort, il l'a juré.

— Tu es un niais ! dors tranquille, et laisse-moi faire !

Le vicomte sortit et se rendit en toute hâte à l'appartement du chevalier qui depuis longtemps dormait d'un profond sommeil. Il frappa violemment à la porte avant que le chevalier ne vînt lui ouvrir, mais dès qu'il aperçut le vicomte, il s'excusa de l'avoir fait attendre, et lui demanda le motif d'une visite aussi brusque.

— Monsieur le chevalier, — dit le vicomte, — on nous a joués tous les deux comme des enfants.

— Par exemple! — s'écria M. de Kerlédé.

— C'est comme j'ai l'honneur de vous le dire.

— Et qui donc a osé?. .

— Qui? Votre fille elle-même.

— Ma fille! Qu'est-ce que signifient ces paroles?

— Cela signifie que l'on a raison de prendre l'air à sa fenêtre, quelque temps qu'il fasse.

— Vous moquez-vous de moi, monsieur! — demanda le chevalier avec hauteur.

— Non, car voici ce que j'ai vu : Mademoiselle votre fille a quitté, il y a deux heures à peine, le toit paternel en compagnie de Marthe.

— Quelle folie ! Blanche n'aurait pas choisi un moment pareil pour fuir seule...

— Oh ! rassurez-vous; elle était fort bien escortée !

— Trève de plaisanteries, monsieur !

— Elle était accompagnée de son frère et d'un certain Raoul que vous n'avez pas oublié sans doute.

— Allons donc, vicomte ! Ce que vous dites-là est absurde. Ma fille, liguée avec son frère et ce misérable contre son père, contre moi !

— Il y a mieux, car pour détourner les soupçons, M. Hector vient de rentrer au château, de sorte qu'en ce moment, mademoiselle Blanche voyage seule en compagnie de ce Raoul.

— Ah ! prenez garde, monsieur ! Car si vous avez menti, vous m'en rendrez raison ! Suivez-moi !

Le chevalier se dirigea à l'instant vers l'appartement de sa fille : la chambre était vide, le lit n'était pas défait. Consterné par ce qu'il venait d'apprendre, M. de Kerlédé fit appeler son fils et rentra chez lui, suivi du vicomte triomphant.

Avant même d'arriver chez son père,

Hector comprit que tout était découvert et se présenta devant lui sans forfanterie, mais armé d'une fermeté respectueuse.

— Approchez, Hector, — dit sévèrement le chevalier, — et répondez-moi avec la franchise d'un gentilhomme.

— Je suis prêt, mon père. Que voulez-vous ?

— Est-il vrai, comme le vicomte prétend l'avoir vu, que votre sœur a fui ?

— Cela est vrai, mon père.

— Est-il vrai aussi que vous l'ayez aidée dans sa fuite ?

— M. le vicomte est parfaitement in-
formé, — répondit Hector avec mépris.

— Ainsi, vous l'avouez ! Et quel est
l'homme qui vous accompagnait ?

— Je refuse de le dire.

— J'exige son nom.

— N'insistez pas, je vous en supplie, mon
père, je ne le dirai pas.

— Plus de doute ! — s'écria le chevalier
de Kerlédé, pâle de courroux, — c'est ce
Raoul, ce misérable ! ce...

— C'est mon ami, mon père !

— Ainsi tu as conspiré contre moi avec ce manant! ainsi tu as volontairement remis aux mains de cet homme, l'honneur de la maison de Kerlédé !

— Les renseignements que vous a donnés *cet homme,* — dit Hector en montrant du doigt le vicomte, — sont faux et absurdes ! L'honneur de la maison est mieux en sûreté où il est qu'entre les mains de celui à qui vous vouliez le confier. Oui, Blanche a fui ; oui, Raoul et moi avons favorisé sa fuite, car, sachez-le, mon père, nous serions morts tous deux avant qu'elle ne devînt la femme du vicomte de Douges. C'est elle dont la tendresse et la douceur ont prévenu l'effu-

sion du sang, elle qui a demandé asile à
Dieu pour prévenir les malheurs qui nous
menaçaient. C'est là que vous irez la chercher, c'est à Dieu que vous l'arracherez si
vous l'osez ! Allez ! Demandez au couvent de
Saint-Marc qu'il vous rende votre victime !
Joignez l'impiété à la tyrannie, mais je n'en
serai pas complice.

Hector sortit brusquement, laissant son
père et le vicomte plongés dans une stupé-
faction profonde ; mais la colère du chevalier, loin d'être calmée, éclata en efforts im-
puissants et en terribles serments que le vicomte se garda bien d'arrêter sur ses lèvres.
En effet, il sentait sa passion grandir à mesure que se dressaient les obstacles, et, résolu à tout pour l'assouvir, il encouragea la

fureur du chevalier et lui promit de l'aider de son influence partout où elle pourrait lui être utile.

— Laissez-moi d'abord aller demain voir ma sœur, et je me fais fort de vous faire rendre votre fille. Si je ne réussis pas, vous aurez toujours la liberté d'aller la prendre vous-même, et, au besoin, de recourir à la justice du gouverneur de la province de Bretagne.

— Faites comme il vous plaira, vicomte ! mais je vous jure que, dussé-je arracher ma fille de force au couvent qui lui a donné asile, je le ferai, plutôt que de me laisser braver par des enfants dénaturés.

Le lendemain matin, Henri de Douges se rendit au couvent. L'abbesse hésita long-temps avant de le recevoir. Elle craignait que ses forces ne la trahissent en présence du meurtrier de celui qu'elle avait tant aimé. Cependant, curieuse de connaître ce que voulait lui dire son frère, incapable de sup-poser jusqu'à quel point il était susceptible de pousser l'audace, elle consentit à le rece-voir.

— Ma sœur, — dit Henri de Douges en saluant légèrement, — j'ai appris que vous reteniez ici, en dépit de la volonté de son père, mademoiselle Blanche de Kerlédé, et je viens vous prier de vouloir bien la remet-tre à l'instant entre ses mains.

Julie ne répondit que par un mouvement d'épaule dédaigneux, et par un sourire de mépris.

— Oh! je saurai vous faire parler, — reprit le vicomte, — j'ai sur moi de quoi vous délier la langue. Je vais, si vous le permettez, vous raconter une histoire singulière. Il était une fois, un frère et une sœur remplis d'affection l'un pour l'autre...

— Assez, monsieur, ne venez pas m'insulter jusque dans cet asile, rappelez-vous que j'y commande en maîtresse.

— Je le sais, mais je continue. La sœur aimait un homme que détestait son frère, et l'homme disparut, on ne sait comment.

— Ne fut-il pas lâchement assassiné ?

— Le croyez-vous ? Je le veux bien. Mais la sœur avait mis à profit l'absence d'un frère dont elle redoutait le courroux, si bien qu'à son retour il était oncle d'un fort joli garçon, sans le savoir.

L'abbesse de Saint-Marc releva la tête.

— Ah ! je commence à vous intéresser, souffrez donc que je continue. La sœur voulant cacher sa honte, et craignant pour la vie de son fils, le confia à des mains mercenaires qui l'élevèrent comme leur enfant, tandis qu'elle donnait sa fortune à gérer à un honnête procureur qu'elle avait doté jadis.

La figure de Julie de Douges se contractait horriblement, une sueur froide inondait son corps et ruisselait sur ses tempes; elle écoutait.

— Aujourd'hui, — poursuivit le vicomte, — ce fils a grandi, il est prêt à dépouiller l'oncle qu'une feinte retraite a enrichi; mais celui-ci a tout appris, toutes les preuves servant à constater la naissance et la légitimité de cet enfant de la honte sont entre ses mains, et les voici !

L'abbesse de Kerlédé ouvrit démesurément les yeux en voyant les papiers que le vicomte tenait à la main, mais elle comprima les battements de son cœur, étouffa le cri d'angoisse prêt à sortir de sa bouche, et redevint immobile.

— La sœur, c'est vous, Julie de Douges, le frère, c'est moi, l'enfant, c'est Raoul !

— Il sait tout, le démon ! — murmura Julie à demi-voix en détournant la tête avec horreur.

— Oui, je sais tout, et je vous brave ! Ah ! vous vouliez m'humilier hier, vous vouliez que je vous obéisse en esclave, et je m'inclinais ! Mais aujourd'hui c'est moi qui

exige, c'est moi qui ordonne. Ces preuves,
qui devaient servir à constater la naissance
de Raoul, je les brûle devant vous, — et il
les jeta au feu — et maintenant je vous offre
la vie de votre fils en échange de Blanche.
Si vous refusez, si vous êtes assez aveugle
pour ne pas vous incliner devant la force,
si votre impuissance veut lutter contre moi,
j'accepte la lutte. Mais rappelez-vous que je
n'ai jamais craint un ennemi dès que je l'ai
connu, et je connais votre fils.

— Je sais les moyens auxquels votre lâ-
cheté ne craint pas de recourir, je vois
qu'après la mort de celui que j'aimais, je
dois regretter encore celle d'un serviteur
fidèle, mais plus vous avancez dans le crime,

plus vous approchez du moment terrible
que Dieu a marqué pour sa vengeance. Repentez-vous et tremblez ! Henri, je vous en
conjure, renoncez à vos infâmes projets.

— Ah ! vous suppliez, maintenant.

— Eh bien oui, je supplie, je me jette à
vos pieds, mon frère ! Que Raoul épouse
Blanche, et j'oublie tout le passé, et je vous
laisse jouir en paix de votre titre et de vos
richesses !

— Moi ! souffrir que ce bâtard épouse celle
que j'aime. Ne l'espérez pas, ma sœur.

— Alors, — reprit l'abbesse en se rele-

vant avec un accent prophétique, — je re-
prends mes droits et ceux de mon fils qui
ne me pardonnerait point de l'avoir dépouillé ! Mais vous ignorez donc tout ce qu'il
y a d'énergie dans un cœur de mère pour
défendre son enfant ! A votre tour, tremblez !
Vous avez brisé les liens du sang qui nous
enchaînaient l'un à l'autre, vous avez tor-
turé mon cœur d'amante, vous avez brisé
mon cœur de mère ! Que ces souffrances re-
tombent sur vous ! Dieu ne permettra point
que tant de forfaits demeurent impunis.
Sortez ! sortez à l'instant, je vous l'ordonne !
Ne souillez pas plus longtemps ces lieux où
tout devrait vous rappeler la présence d'un
Dieu bon, mais juste ! Sortez ! de peur que
ma malédiction n'échappe à ma faiblesse en

dépit de la charité dont mon âme est rem-
plie. Encore une fois, sortez !

Et l'abbesse du couvent de Saint-Marc,
joignant le geste à la parole, montrait du
doigt au vicomte la porte du parloir. Le vicomte de Douges obéit et se retira en grima-
çant un sourire sinistre. Il ne s'attendait pas
à l'égergique résistance que sa sœur avait
montrée, il était dévoré de honte et de rage.
Il s'était tellement habitué à l'idée de faire
ployer sa sœur devant sa volonté, que le
résultat négatif de la démarche qu'il venait
de faire lui ôta momentanément toute espèce
d'énergie.

Le chevalier de Kerlédé, auquel il rendit

compte de l'insuccès de sa visite, releva son courage par la violence de ses imprécations. Il se rendit sur-le-champ au couvent pour réclamer sa fille, mais l'abbesse opposa à ses emportements une douceur telle, qu'elle excita sa colère plus que ne l'aurait fait la violence.

La fermeté de Julie de Douges ne se démentit pas, même lorsque le chevalier lui jura qu'il allait recourir à l'autorité du gouverneur de la province, et qu'il ferait le siége du couvent plutôt que de se laisser jouer par une femme.

Il partit furieux, roulant des yeux hagards, et ruminant mille projets de vengeance.

[illegible]

[illegible]
[illegible]

[illegible]
[illegible]
[illegible]
[illegible]
[illegible]
[illegible]

[illegible]
[illegible]
[illegible]
[illegible]
[illegible]
[illegible]

[illegible]

XXXVIII

Sur la route de Paris.

L'abbesse de Saint-Marc instruisit Blanche de ce qui s'était passé et la rassura de son mieux. Elle jura à son tour qu'elle aurait recours à l'autorité du roi, pour faire respecter les prérogatives de son couvent, et qu'elle enverrait un exprès à Paris. La seule difficulté qui se présentât, c'était de trouver un homme brave, courageux et adroit. Raoul s'offrit de lui-même à remplir cette mission, et l'abbesse accepta d'autant plus volontiers, qu'elle le mettait ainsi, momentanément, à l'abri des menaces du vicomte.

Raoul se décida donc à partir sur-le-champ, sans faire part à qui que ce soit des intentions qui le guidaient. Il avait résolu de prendre enfin une part active à cette affaire qui le concernait plus que qui que ce fut; il était las de voir souffrir ceux qu'il chérissait pour une cause qui était la sienne. Aussi, de peur d'être détourné de ses projets par une prudence exagérée, prit-il soin de les cacher, afin d'assumer sur lui seul la responsabilité de ses actions.

L'abbesse lui remit une supplique adressée au ministre, dans laquelle étaient exposés les faits qui la motivaient, et le jour même, Raoul s'éloignait après avoir recommandé à Hector de veiller sur son trésor le plus cher. Hector le promit sans peine. Il y avait entre tous ceux qui avaient pris part à ce drame une sorte de point d'honneur à qui se dévouerait, et bien que le vicomte et le chevalier fussent seuls dans leur camp, les armes qu'ils employaient pour combattre, c'est-à-dire, la force, la ruse, et jusqu'à l'assassinat, leur avaient donné l'avantage.

Pendant que Raoul partait pour Paris, le

chevalier de Kerlédé se démenait avec rage et se rendait à Nantes, chez le gouverneur de la province, assisté du vicomte de Douges, sur le nom et le crédit de qui il crut devoir s'appuyer.

Le gouverneur les fit introduire sur-le-champ dès qu'ils se furent nommés et les reçut avec affabilité. Il savait que le vicomte était rentré en grâce auprès du ministre. Le chevalier de Kerlédé était de ses amis, ils le trouvèrent donc fort bien disposé en leur faveur.

— A quoi dois-je attribuer l'honneur de cette double visite ? — demanda-t-il.

Le chevalier expliqua les faits avec une chaleur qui faisait ressortir davantage le dépit qu'il ressentait. Sa surprise fut grande lorsque le gouverneur hocha silencieusement la tête.

— Messieurs, — dit-il, — l'affaire dont vous me parlez est grave et ne s'est pas présentée depuis fort longtemps. Si le couvent de Kerlédé jouit réellement du droit d'asile, ainsi que le prétend son abbesse, je demeure impuissant devant des prérogatives d'autant plus respectées, qu'elles tiennent à la religion, et qu'il est fort dangereux de s'y heurter. Vous n'ignorez pas que la Bretagne tient à Dieu avant de tenir au roi, et que je ne puis pas m'exposer à soulever, pour une

si mince cause, les paysans de toute la pro-
vin ce

— Une si mince cause ! — s'écria le chevalier de Kerlédé, — quand il s'agit de mon
honneur !

— Ne vous fâchez pas, chevalier, je ne
veux pas vous blesser, mais si vous étiez
plus calme, vous reconnaîtriez, avec moi,
que votre honneur n'est rien quand il s'agit
d'un principe. Je suppose que pour vous
obliger j'aie recours à la force pour vous
rendre votre fille. Croyez-vous que je le ferai
sans effusion de sang ? Croyez-vous que les
paysans n'interviendraient point dans une
affaire qui ne les touche de près qu'au point

de vue religieux, c'est vrai, mais qui est
pour eux le point capital?

— Je suis donc forcé de subir cette humiliation! — s'écria le chevalier. — Mais parlez donc, vicomte! — ajouta-t-il en se tour-
nant vers Henri de Douges.

— Les paroles de M. le gouverneur sont
pleines de sagesse, — dit le vicomte au
chevalier stupéfait. — Le plus simple serait,
je crois, de s'assurer, dès aujourd'hui, que
le droit d'asile existe réellement, et d'a-
dresser au ministre un rapport que je me
charge de lui expédier à l'instant même.

— Je me mets à votre disposition, — ré-

pondit le gouverneur,—et j'ai peine à croire
qu'à nous trois nous ne venions pas à bout
d'une telle chose.

On consulta sur-le-champ les chartes
déposées dans l'hôtel du gouverneur, et le
droit d'asile ayant été bien et dûment cons-
taté, le rapport fut rédigé à l'instant, le
gouverneur le scella de ses armes, et fit appeler un des courriers qui se tenaient toujours prêts à porter au ministre les dépêches
urgentes qu'on pouvait avoir à lui trans-
mettre.

— Il y a cinquante pistoles pour toi si tu
ne te reposes que la nuit, — dit le chevalier.

— Oh ! — répondit le courrier souriant, — mettez-en cent, je ne me reposerai ni jour ni nuit.

— Sois à Paris dans trois jours, les cent pistoles sont à toi.

— J'y serai, je vous le jure !

— Pars donc à l'instant.

Cinq minutes après on entendait dans la cour de l'hôtel le piétinement d'un cheval, la porte cochère s'ouvrit et se referma : la dépêche était partie.

Le vicomte et le chevalier remontèrent

en carrosse pour regagner le château de Kerlédé ; on avait demandé des chevaux frais,
la lourde caisse roulait rapidement, lorsqu'à
un endroit où la route faisait un coude, le
vicomte fit un mouvement.

— Qu'y a-t-il ? — demanda le chevalier.

Le vicomte voyait sur la route un point
noir qui s'avançait lestement, tout à coup il
sauta sur les pistolets qui se trouvaient devant lui.

— Que faites-vous ? — dit le chevalier en
arrêtant le bras du vicomte.

Au même instant, un cavalier passa

comme une flèche à côté du carrosse.

— Raoul! — s'ëcria M. de Kerlédé.

— Ah! monsieur le chevalier, c'est peut-
être notre condamnation que cet homme
emporte avec lui.

— Comment cela?

— Il y a tout à craindre si ce Raoul se
rend à Paris.

— Lui! ce misérable! que peut-il faire?

— Tout! il est fort bien vu du ministre.

— C'est impossible ! Vous ne m'en aviez
rien dit. A quel sujet est-il si bien en cour ?

— Je l'ignore, et je ne vous en ai pas
parlé parce que cela vous était fort indiffé-
rent, mais à présent...

— Enfin qu'auriez-vous fait, si je ne vous
avais pas arrêté le bras ?

— Je l'aurais tué ! — s'écria le vicomte
avec l'accent d'une haine féroce.

Le chevalier de Kerlédé se recula instinctivement au fond de son carrosse en regardant Henri de Douges, et pour la première

fois les paroles de l'ermite du bourg de Batz lui revinrent en mémoire.

Raoul continua son chemin vers **Paris**, il avait parfaitement reconnu le vicomte et le chevalier; il n'en pressa que plus l'allure de son cheval. Au premier relai il gourmanda le valet qui le faisait attendre; au second, au troisième, il manifesta la même impatience, enfin au quatrième relai, il s'oublia jusqu'à menacer l'homme qui lui amenait un cheval.

— Diable! — dit celui-ci tout bas, — il paraît encore plus pressé que l'autre, celui-ci.

— Quel autre? — demanda brusquement
Raoul.

— Un cavalier qui vient de partir d'ici il
y a une demi-heure.

— Où va-t-il, le sais-tu?

— Je crois bien qu'il l'a dit, mais...

— Une pistole pour toi si tu te le rap-
pelles.

— Parbleu! mon beau seigneur, elle est
gagnée, — dit l'homme en tendant la main,
— ce cavalier se rend à Paris, de la part du
gouverneur de Nantes.

— Morbleu! — s'écria Raoul en enfour-
chant sa monture, — il faut que je le rat-
trape!

Au relai suivant, Raoul aperçut un cheval
ruisselant de sueur, qu'on était en train de
bouchonner et qui n'était pas encore rentrë
à l'écurie; il avait gagné un quart d'heure.
Au moment où il arrivait à Blois, il aperçut
un cavalier qu'il jugea être l'exprès envoyé
par le gouverneur de Nantes, il éperonna sa
monture et arriva en même temps que lui,
mais le cavalier était arrivé le premier, il
avait demandé un cheval, et Raoul fut forcé
d'attendre qu'on eût sellé celui du cavalier
avant le sien.

— Cinq pistoles pour vous, — dit-il au

valet, — si vous me laissez prendre cette bête.

— Service du roi ! — dit le courrier qui l'avait entendu, en exhibant sa missive.

Le valet s'inclina, regardant avec regret les cinq pistoles que Raoul avait tirées de sa bourse, mais il donna le cheval au courrier qui partit sous les yeux de Raoul impuissant à l'en empêcher. Mais la vue de l'or avait excité le valet d'écurie, et deux minutes après, Raoul avait une autre monture toute prête.

— Celui-ci est meilleur, — dit-il tout bas, — on ne le donne qu'à la dernière extrémité. Partez vite ! car si mon maître s'en apercevait, il le ferait rentrer à l'écurie.

— Va donc pour les cinq pistoles, — dit Raoul. — Pauvre garçon ! tu seras grondé !

— Bah ! je dirai que je me suis trompé !

Raoul était déjà loin et galopait avec une effrayante rapidité ; au bout d'un quart d'heure il avait rejoint l'exprès.

Celui-ci, entendant le galop du cheval de Raoul, s'était retourné, et reconnaissant le personnage qui tout à l'heure avait voulu l'empêcher de partir, il pressa l'allure de sa bête. Alors s'établit entre les deux cavaliers une course furieuse, dans laquelle Raoul gagnait un peu de terrain.

— Arrête! — cria Raoul en mettant la main droite dans les fontes de sa selle, — arrête!

La course continuait toujours.

Raoul s'arrêta, après avoir saisi un de ses pistolets, ajusta quelques secondes, le coup partit: cheval et cavalier roulèrent dans la poussière. Raoul reprit son galop effréné et passa comme le vent auprès du cavalier démonté. Instruit par l'expérience, celui-ci voulut renouveler sur son ennemi le moyen dont il venait d'être victime, mais avant qu'il se fût dégagé, avant qu'il eût retiré ses pistolets de ses fontes, Raoul était déjà loin. Le courrier déchargea coup sur coup ses deux pistolets, plutôt pour l'acquit de sa conscience que pour démonter le cavalier hors de portée, et Raoul arriva sans encombre, et seul cette fois, au relai suivant.

Il paya largement le prix de la pauvre bête à qui il avait fracassé une jambe, et repartit pour Paris avec toute l'ardeur de l'homme qui connaît le prix du temps.

A peine descendu à l'auberge du *Pigeon-Blanc*, où il avait demeuré lors de son premier séjour à Paris; il se rendit chez le ministre avec l'émotion d'un homme qui sait que le bonheur de sa vie tout entière va se décider.

XXXIX

Le Ministre.

Lorsque Raoul arriva dans l'antichambre
du ministre, il y aperçut la même foule de
courtisans qui l'assiégeaient déjà le jour où
il avait été mandé auprès de l'Excellence.
Mais cet empressement qui l'avait fait sourire de pitié et de mépris, lui sembla tout

naturel, aujourd'hui qu'il y venait lui-même en solliciteur. Il n'y avait rien d'impossible, en effet, à ce que ces hommes eussent des motifs aussi importants que les siens pour venir s'humilier ainsi devant le ministre parvenu.

Aussi, lorsque Raoul vint se présenter en solliciteur, il trembla que le ministre n'eût oublié la promesse qu'il lui avait faite quelques semaines auparavant, et il attendit.

Mais le ministre avait une excellente mémoire et un coup d'œil rapide ; il reconnut sans peine, au milieu des courtisans qui l'entouraient, le jeune homme qu'il aurait voulu s'attacher.

— Comment ! — dit-il, — je vous re-
trouve ici !

— Oui, monseigneur, j'ai une grâce à vous
demander.

L'œil de l'Excellence brilla de joie.

— Venez donc, — dit-elle, — nous ferons
nos conditions.

Raoul lui exposa l'objet de son voyage à
Paris, et ne lui cacha aucun des incidents
qui avaient accompagné sa route.

— Qu'avez-vous donc fait au vicomte de
Douges pour qu'il vous poursuive ainsi ?

— Je l'ignore, monseigneur.

— De sorte, — reprit le ministre, — que
vous désirez qu'il renonce à la main de mademoiselle de Kerlédé ?

— Ce n'est pas tant en mon nom que je
parle, qu'au nom de mes amis dont c'est le
vœu le plus cher.

— Connaissez-vous les raisons qui font
agir l'abbesse de Saint-Marc ?

— Je ne les lui ai jamais demandées, mais
je sais qu'elle a pour mon père une estime
profonde.

On frappa discrètement à une porte secrète, habilement dissimulée par la tapisse-
rie, et qui se trouvait dans un coin du ca-
binet.

— Qui est là? — demanda le ministre.

— Service du roi ! — répondit un de ses
secrétaires en lui remettant un pli cacheté.

L'Excellence prit connaissance de la missive et dit à Raoul :

— C'est un rapport du gouverneur de
Bretagne, qui m'expose les faits que vous
venez de me raconter au nom du chevalier
de Kerlédé et du vicomte de Douges.

Et le ministre rejeta le pli sur sa table ; mais comme il y jetait un dernier regard, il s'aperçut que cette lettre était datée du 3 janvier.

— Il faut que vous ayez fait diligence, car nous sommes aujourd'hui le 5, et d'après ce que vous m'avez dit, le courrier était parti avant vous.

— En effet, monseigneur, je ne me suis point arrêté.

— Vous n'avez pris aucun repos ?

— A peine le temps de manger.

— Vous devez être horriblement fatigué !

— Je suis brisé, monseigneur.

— Allez donc vous remettre et revenez me voir demain.

— J'aimerais mieux savoir à quoi m'en tenir, avant de me retirer, — répondit doucement Raoul, — mes amis sont dans l'inquiétude et je voudrais ne pas les y laisser plus longtemps.

— Vous êtes un homme terrible ! — dit le ministre en souriant,

Il sonna, un secrétaire parut.

— Ecrivez, — lui dit l'Excellence.

Le secrétaire s'assit à une petite table, l'Excellence prit une plume et attendit.

— Ordre à l'abbesse du couvent de Saint-Marc, de garder mademoiselle Blanche de Kerlédé en attendant de nouvelles instructions. Êtes-vous content? — dit le ministre en signant le précieux papier et en le tendant à Raoul.

— Oh ! merci, monseigneur, — dit Raoul en se précipitant aux genoux de l'Excellence, — merci ! Je vais repartir à l'instant.

— Non pas ! vous reviendrez me voir demain quand vous vous serez reposé. Je ne fais rien pour rien, je vous dicterai mes conditions. Et se retournant vers son secrétaire : — qu'un courrier parte à l'instant porter cette ordre, et qu'il fasse diligence !

Raoul se confondait en remercîments.

— A demain ! à demain ! — dit le ministre. — Je réponds de tout, allez !

Pendant que la dépêche de l'Excellence
allait apporter un peu de tranquillité à ses
amis, Raoul succombant à la fatigue qui s'é-
tait emparée de lui, s'endormait d'un sommeil léthargique qui répandait un baume
bienfaisant sur ses membres endoloris.

Le lendemain donc, il se rendit de nouveau chez le premier ministre. Il était entièrement remis de ses fatigues, et fut introduit sur-le-champ.

— Mon jeune ami, — lui dit-il, — je vous avais promis de vous accorder la grâce que vous m'auriez demandée, et vous pouvez voir que j'ai commencé à m'exécuter. Il dépend de vous maintenant de l'obtenir toute entière.

— Il n'est rien que je ne fasse pour cela, monseigneur.

— Je vous ai offert, il y a quelques jours, une lieutenance dans les gardes, et cela n'a pas paru vous sourire. Pourtant, je tiens à vous avoir, parce que j'ai la prétention de bien connaître les hommes, et que je vous estime fort. Vous pouvez arriver à quelque chose, si vous le voulez, vous avez tout ce

qu'il faut pour cela, hormis la noblesse,
mais ce n'est pas un empêchement suffisant,
et quant à moi je n'y attache que fort peu
d'importance.

— Malheureusement, monseigneur, tout
le monde n'est pas comme vous.

— Je le sais ! mais je puis vous faire une
position qui vous rende l'objet du respect de
tous. C'est à ce prix que je vous accorderai
ce que vous me demandez.

— Parlez, monseigneur.

— Que diriez-vous de ce brevet ? — dit le
ministre en tendant brusquement à Raoul

un parchemin revêtu d'avance du sceau royal.

— Lieutenant de vos gardes! — s'écria Raoul au comble de l'étonnement, après avoir parcouru des yeux le brevet que lui avait remis l'Excellence.

— Et dans quelques années, capitaine! qu'en dites-vous?

— Mais, monseigneur, vous faites-là un détestable marché! — dit Raoul stupéfait.

— Je sais ce que je fais. Vous allez prendre dès aujourd'hui votre service.

— Mais, monseigneur, je n'ai pas d'uniforme.

— Il est là tout prêt !

— C'est impossible ! monseigneur ! songez donc que je n'ai jamais vu la cour, je
n'ai ni l'expérience, ni...

— Votre grâce est à ce prix, pourtant.

— J'accepte donc ! — s'écria Raoul avec
enthousiasme. — Ah ! monseigneur, vous
avez bien changé mon cœur ! il n'en est pas
qui vous soit plus dévoué dans l'avenir.
C'est à vous que je devrai tout...

— Allez vous habiller, j'ai hâte de vous voir revêtu de votre uniforme, et de jouir de la surprise des courtisans lorsqu'ils vous apercevront.

Dix minutes après, Raoul, guidé par un valet de chambre, avait revêtu le costume que le ministre avait préparé pour lui, et y avait trouvé une bourse de mille pistoles que monseigneur, peu généreux d'ordinaire, y avait fait mettre.

Lorsque le ministre vit la haute mine de Raoul, sous ces habits élégants et riches, il eut un sourire de satisfaction que le jeune homme aperçut et qui chatouilla fort agréablement son amour-propre.

— Monseigneur, — lui dit Raoul, — il y
a encore un obstacle auquel je n'avais pas
songé.

— Encore! — dit le ministre avec impatience.

— C'est que j'ai promis à mon père de
me trouver à Porcé le 25 de ce mois, et que
je ne puis y manquer.

— Mais votre père a disparu, m'avez-vous
dit ?

— Oui, monseigneur, mais j'espère encore.

— Eh bien, c'est vous qu porterez au vicomte de Douges, l'ordre de finir ses jours
dans ses terres, et au chevalier de Kerlédé,
la défense expresse de lui donner sa fille, à
qui je veux choisir moi-même un mari.

— Que dites-vous, monseigneur !

— Laissez-vous faire, grand enfant. En
attendant, venez ce soir prendre mes ordres,
et n'oubliez pas que vous ne dépendez de
personne que de moi... et du roi, — ajouta-
t-il plus bas.

Bien que Raoul n'aimât pas le ministre
avant son voyage à Paris, l'Excellence avait
été pour lui si affable, dès sa première en-

trevue, que les idées du jeune homme s'é-
taient déjà singulièrement modifiées. Aussi
lorsque monseigneur lui imposa cette condition d'accepter la lieutenance de ses gardes, Raoul qui eut tout sacrifié pour sauver
Blanche, perdit ce qui lui restait de scrupules, et se laissa enchaîner par la reconnais-
sance. Envié de tous, flatté par les courtisans, qui croyaient voir se lever un astre
nouveau dont la faveur pouvait leur être
utile, Raoul se vit entouré d'hommages, et
se sentit mal à l'aise au milieu des basses
flatteries dont il était l'objet.

Il vit donc avec plaisir s'approcher l'heure
de son départ, et quitta Paris le 20 janvier,
porteur de deux lettres qu'il devait remettre

lui-même au vicomte de Douges et au chevalier de Kerlédé, à titre d'envoyé du ministre.

XL

L'héritier des d'Escoublac.

Pendant que Raoul jouissait à Paris d'une
si grande faveur le vicomte de Douges humilié, au dernier point, de voir triompher celui qu'il détestait le plus au monde, s'épui-
sait en vains efforts pour détourner le coup
que l'ordre envoyé à l'abbesse de Kerlédé,

portait à son crédit en même temps qu'à son amour. Ainsi que cela arrive souvent, Henri de Douges était puni par où il avait péché. Cet homme, qui pendant plus de vingt ans avait joué avec tous les sentiments généreux, qui s'était blasé sur les désirs par la possession, aimait avec toute l'ardeur de la jeunesse dans un âge où l'homme est encore plein de sève, mais que le vicomte avait prématurément devancé par les excès de toute sorte auxquels il s'était livré. Cet homme était usé, il n'aimait pas avec les tendres et nobles aspirations d'un cœur épuré par un sentiment divin, il aimait avec rage, et souffrait les tortures de l'enfer devant l'impuissance dans laquelle il était d'assouvir ses passions, et de satisfaire en même temps son amour pour Blanche

et sa haine pour Raoul qu'il savait aimé
d'elle.

Lorsque l'abbesse de Saint-Marc eut mon-
tré au chevalier l'ordre bref, mais précis
qu'elle avait reçu et que le ministre avait
expédié en présence de Raoul, il se prit à
réfléchir un peu tardivement, que son entêtement l'avait mené peut-être un peu loin,
et son désappointement fut d'autant plus vif
que son amour-propre n'aurait jamais
consenti à l'avouer hautement. M. de
Kerlédé avait, par état, professé de tout
temps un profond respect pour tout ce qui
émanait du pouvoir, qu'il fût représenté
par le roi ou par le ministre, et quand il se
trouva en présence d'une volonté supérieure

si clairement formulée, tout l'édifice d'autorité paternelle qu'il avait élevé, s'écroula
comme par enchantement. Il se prit à con-
sidérer que ce manant de Raoul, comme il
l'appelait, n'était pas tant à dédaigner puisqu'il jouissait d'une si grande influence, et
la réaction qui se fit en lui fut si prompte,
qu'il résolut d'avoir avec l'ermite du bourg
de Batz un nouvel entretien pour s'éclairer
plus à fond sur la moralité du vicomte de
Douges. Le résultat de cette entrevue fut le
même que celui que nous connaissons, l'ermite renouvela ses aveux, et le chevalier de
Kerlédé se montra beaucoup moins empressé à servir les intérêts de son futur gendre, en attendant les ordres ultérieurs qu'il
devait recevoir, ainsi que l'annonçait la dépêche du ministre.

Il y a plus, c'est que doué d'un caractère faible par excellence, ainsi que nous l'avons dit, dès que son entêtement cessa, il sut gré à son fils d'avoir pris contre lui le parti de Blanche, et s'il ne le lui dit pas, il le lui fit voir d'une façon si claire qu'Hector ne s'y trompa pas un instant, et pour éviter à son père un aveu pénible, il insinua qu'il avait été abusé outre mesure par les qualités trompeuses du vicomte.

Lorsque Raoul arriva à Porcé, le terrain était donc bien préparé, sinon en sa faveur, du moins au désavantage de son rival, et l'on devinera facilement l'effet que durent produire les dépêches dont il était chargé.

Quoi qu'il en soit, Raoul, obéissant dès son arrivée à un autre ordre d'idées, s'informa de son père dont l'étrange disparition était le sujet de toutes les conversations du pays. Il avait envoyé à Nantes, chez maître Lanoë, quelques minutes avant son départ, mais celui-ci n'avait pas vu Pierre Mahé, — disait-il, — et Raoul se trouva seul en présence de la douleur sombre de Marianne, au milieu des espérances qui commençaient à entr'ouvir pour lui leur calice parfumé.

Pierre Mahé avait-il été victime d'un accident vulgaire ? son pied avait-il glissé sur la falaise ? Son corps avait-il été brisé sur les rochers ? Le diable l'avait-il emporté, ainsi que le prétendaient bien bas quelques compères. Ce qu'il y a de certain, c'est qu'en dépit des plus actives recherches, son cadavre n'avait pas été retrouvé.

Raoul était douloureusement affecté par ces lugubres réflexions, qui faisaient une ombre pénible au tableau lumineux du bonheur qu'il avait commencé à entrevoir, lorsqu'un grand bruit se fit entendre, comme si plusieurs personnes fussent pénétrées dans la maison.

Rien n'eût été plus naturel, si l'heure à laquelle ce bruit avait lieu eût été moins avancée; mais Raoul s'était laissé entraîner plus tard que de coutume à ses chères rêveries, et il prêtait l'oreille avec la plus grande attention, lorsqu'un cri aigu se fit

entendre suivi d'un piétinement extraordinaire.

Raoul, qui n'était pas encore déshabillé,
sauta sur ses pistolets et arriva, l'épée nue,
dans la grande pièce où se tenait Marianne.

Le tableau qui s'offrit à ses yeux le désarma, son épée s'échappa de sa main, un
soupir de bonheur sortit de sa poitrine, son
front se dérida et il courut en avant, en
criant :

— Mon père ! mon père !

Pierre Mahé tomba dans les bras de

Raoul, et ils se dédommagèrent en une
étreinte cordiale, de la séparation pénible
qu'ils venaient d'éprouver.

Marianne en voyant entrer son mari,
avait ressenti une telle commotion qu'elle
s'était d'abord élancée, mais elle était re-
tombée sur son fauteuil en poussant le cri
que Raoul avait entendu. Chacun s'était
empressé pour la ranimer, et les piétine-
ments qu'il avait attribués à une tout autre
cause, provenaient du zèle qui avait entouré Marianne.

Dès que Raoul fut entré dans cette chambre, ceux qui accompagnaient Pierre Mahé
s'inclinèrent respectueusement devant lui,

c'étaient maître Lanoë, et l'ermite du bourg de Batz.

Lorsque Marianne eut enfin repris ses sens, Pierre Mahé réclama le silence, fit asseoir Raoul et tandis que chacun demeurait de bout et découvert :

— C'est aujourd'hui, 24 janvier, qu'expire enfin le délai imposé à ma discrétion par la plus saine prudence, dit-il, et que je suis appelé à révéler enfin un mystère qui a failli me coûter la vie, et qui a amené autour de lui de grands malheurs.

Raoul paraissait étonné et ému en pré-

sence du recueillement de tous, comme s'il
eût pressenti un grand événement.

— Minuit vient de sonner ! — poursuivit
Pierre Mahé en s'adressant à Raoul, — je
ne suis plus enchaîné par mon serment, et
je puis vous révéler enfin, seigneur, tout
ce que vous avez pu trouver de maladroit
et d'incompréhensible dans ma conduite !
Je puis enfin rendre la paix aux mânes du
chevalier d'Escoublac, comme il vous appartient, Raoul, de relever l'honneur des vi-
comtes de Douges trop longtemps avili !

— Que signifient ces paroles ? — s'écria
Raoul dans une agitation indescriptible. —
Est-ce bien à moi que vous parlez ? Que

dois-je comprendre à travers ce voile qui se déchire ! Parlez, mon père ! je ne vous reconnais plus !

— Je ne suis pas votre père, Raoul, je ne suis que le plus ardent de vos serviteurs.

— Comment ! vous, Pierre Mahé, vous n'êtes pas mon père ! Vous à qui je dois tout, courage, force, intelligence ! Ne soulevez point alors un mystère qui me forcerait à mépriser un père assez oublieux de ses devoirs, pour les abandonner à un autre ! C'est vous qui m'avez élevé, c'est vous qui m'avez prodigué ces soins minutieux qui ont bercé ma jeunesse, c'est vous seul

que j'aime, c'est vous qui êtes réellement
mon père !

—La jeunesse est prompte et inconsidérée,
— répondit Pierre Mahé avec une émotion
visible. — Ne vous hâtez pas d'accuser aucun
de ceux à qui vous devez la vie ; votre père
est mort depuis vingt ans, et bien souvent je
vous ai raconté à quel piége odieux il avait
succombé. Si je ne vous ai pas nommé les
auteurs de ce crime, c'est que je ne les connaissais pas moi-même, et que je ne voulais
le faire qu'avec certitude. Mais aujourd'hui
je puis les nommer sans hésiter, puisqu'ils
sont prêts à s'en accuser devant vous. C'est
à vous, Raoul, qu'il appartient de venger
votre père : le sang du chevalier d'Escoublac

crie vengeance ! et c'est lui qui coule dans vos veines.

— Oh ! je le vengerai, soyez- en sûr !

— Quant à votre mère, — poursuivit Pierre Mahé, — je lui avais signalé les piéges dont elle était environnée. Elle ne se sentit pas assez forte pour lutter contre un homme à qui le meurtre devenait familier, et elle résolut de vous taire votre naissance, jusqu'au jour où vous seriez assez fort pour vous défendre vous-même contre l'ennemi qui l'avait frappée. Vingt ans elle a pleuré celui qu'elle aimait, vingt ans elle a vécu dans la retraite pour vous sauver, vingt ans elle s'est privée de vos caresses pour préserver votre enfance de la haine de celui qui s'était acharné à son malheur, vingt ans elle a souffert seule, demandant à Dieu les consolations de la prière, s'offrant elle-même en holocauste au Seigneur, pour désarmer son courroux, trop payée de ses douleurs si elle a réussi à vous donner enfin le bonheur qu'elle a si chèrement acheté pour son enfant !

— Pauvre femme ! — s'écria Raoul, — tandis qu'un pleur silencieux coulait de ses yeux.

— Oui, pauvre femme ! Elle a dû étouffer devant vous les battements précipités de son cœur ! elle a réprimé les élans de ten-

dresse qui l'entraînaient vers vous ! Songez
aux tortures qu'elle a endurées en vous
voyant auprès d'elle sans pouvoir vous
crier : mon fils, je suis ta mère !

— Mais alors je la connais ! — demanda
Raoul avec une horrible anxiété.

— Oui, vous la connaissez ! c'est à sa gé-
néreuse intercession que vous devez le salut de Blanche ! C'est elle qui a voulu, sans
se faire connaître, contribuer à votre avenir
en prévenant le malheur qui allait vous
frapper...

— L'abbesse de Saint-Marc, — s'écria
Raoul transporté. — Oh ! mon cœur l'avait

deviné ! Je subissais devant elle un charme étrange par lequel je me laissais doucement bercer. Comme je l'aimerai, mon Dieu ! Pauvre mère ! Comme je la dédommagerai de toutes les privations que mon bonheur lui a coûtées !

— Avant de continuer ce qui me reste à dire, j'aurais désiré la présence du chevalier de Kerlédé, que j'avais prévenu et qui devait se rendre ici pour recevoir une communication importante. Je regrette qu'il n'ait pas daigné venir, mais je le convaincrai tôt ou tard, je ferai tomber de ses yeux le bandeau dont ils sont couverts, et je démasquerai l'assassin du chevalier d'Escoublac, celui qui a tenté de m'ôter la vie,

parce qu'il a compris, j'ignore de quelle façon, que j'étais son plus mortel ennemi.

— De qui voulez-vous parler, mon père?
— demanda Raoul avec horreur.

— J'ai parlé du vicomte de Douges.

— C'est impossible! Lui, le frère de l'abbesse de Saint-Marc! de ma mère!!

—Qui vient de nommer le vicomte de
Douges? — demanda une voix avec hauteur.

La porte venait de s'entr'ouvrir et avait
donné passage au chevalier de Kerlédé qui

s'était fait accompagner du vicomte de Douges. Bien qu'il lui eût positivement dit où il
se rendait, le vicomte n'hésita pas à le suivre, et pensa que c'était au contraire le moment de payer d'audace. Aucune preuve
n'existait plus, et il lui serait facile de con-
fondre les accusations que l'on porterait
contre lui, si cela devait avoir lieu. C'est ce
qui explique les paroles pleines de hauteur
qui signalèrent son arrivée.

Mais l'attitude du vicomte n'imposa pas
à Pierre Mahé qui s'avança au-devant de
lui.

— Parbleu ! — dit-il, — je n'avais pas
espéré que M. le vicomte eût voulu honorer

ma chaumière de sa présence, j'aurais cru qu'il n'aurait point osé mettre les pieds chez celui qu'il faisait assassiner le 3 janvier ; mais puisqu'il est venu le braver jusque chez lui, je jure Dieu qu'il sera puni, et que je remplirai jusqu'au bout ma mission de vengeance. Et vous, monsieur le chevalier, — continua Pierre Mahé en s'adressant à M. de Kerlédé, — veuillez vous asseoir et écouter, car vous allez entendre de terribles choses auxquelles vous avez refusé de croire.

Le vicomte, pendant ce temps, jetait autour de lui un regard assuré en voyant qu'il ne connaissait aucune des figures qui se trouvaient là.

— Ah çà ! — dit-il à Pierre Mahé, — al-

lez-vous recommencer vos sottes histoires
avec lesquelles vous avez rendu ma sœur à
moitié folle ?

— Moi, Pierre Mahé, devant toutes les
personnes ici présentes, j'accuse Henri de
Douges d'avoir lâchement fait assassiner, il
y a vingt ans, le chevalier d'Escoublac,
époux de Julie de Douges et père de Raoul
d'Escoublac, vicomte de Douges ! Moi, Pierre
Mahé, j'accuse le même Henri d'avoir volé
à son neveu les titres et domaines qui lui
appartenaient ! je l'accuse enfin de m'avoir
fait assassiner, il y a vingt-deux jours, par
son valet de chambre, Raymond, le même
qui porta un coup mortel à feu mon maître,
le chevalier d'Escoublac !

— Et moi je demande ce que cet homme soit solidement attaché et enfermé en lieu de sûreté, car il est fou, — dit ironiquement Henri de Douges. — S'il y a un mot de vrai dans ce qu'il avance, il doit être à même de le prouver ! mais il est vraiment trop ridicule de s'arrêter à de telles grimaces, et je vois, monsieur le chevalier, que votre place n'est pas ici.

—Au contraire ! — s'écria M. de Kerlédé en se levant vivement, et en courant fermer la porte dont il prit la clef. — Ah ! vous avez abusé de ma crédulité ! Ah ! vous avez cru pouvoir jouer impunément avec l'honneur de mon nom ! Ah ! vous m'avez attiré la haine de mes propres enfants ! Et vous avez cru que je souffrirais patiemment cet

affront! Détrompez-vous! si l'heure fatale a
sonné pour vous, je le saurai! si cet homme
a dit vrai, vous êtes un infâme! je veux
vous démasquer et vous faire subir à mon
tour une partie des tortures que vous m'a-
vez infligées! Parlez sans crainte, Pierre
Mahé, je vois d'ici que vos preuves ne sont
pas loin, ajouta le chevalier en désignant
l'ermite du bourg de Batz qu'il avait reconnu.

Le vicomte jetait autour de lui un regard
sauvage, il ressemblait au sanglier acculé
dans sa bauge et qui ne voit pas d'issue pour
échapper aux chasseurs, sa physionomie
contractée était d'une pâleur livide, ses
yeux s'arrêtaient sur chacun de ceux qui

étaient présents, avec des menaces diverses qui se résumaient toutes en une seule : la haine !

— J'ai dit, — reprit Pierre Mahé, — que cet homme avait assassiné le chevalier d'Escoublac et je vais le prouver. Son valet de chambre Raymond a tué mon maître d'un coup de pistolet, il était assisté de deux hommes, l'un s'appelait de Bretteville, et il est mort, l'autre s'appelait d'Artenay, et celui-là vit ! Raymond avait signé une déclaration constatant les faits que j'avance, ce papier m'a été volé par lui.

—Alors, où sont vos preuves?—demanda ironiquement le vicomte essayant de faire bonne contenance.

— Les voici ! — dit l'ermite en s'avançant.

— Où ? Qui êtes-vous ? — demanda le vicomte stupéfait.

— Qui je suis ? Je suis l'homme que votre cupidité a précipité au fond de l'abîme,
je suis l'homme qui, depuis vingt ans, fait
pénitence d'un crime dont il a été complice,
je suis l'homme qui a assisté Raymond dans
le meurtre de 1630, je suis d'Artenay !

— Oui, — continua Pierre Mahé, — j'ai
su découvrir les instruments de votre infamie, et si j'éprouve un regret, c'est d'avoir
forcé ce saint homme à rougir devant nous

pour vous convaincre! Mais ce n'est pas tout! j'ai dit que vous aviez voulu m'assassiner, et de cela j'en fournis les preuves sanglantes, — dit Pierre Mahé, en écartant ses vêtements et en montrant sa poitrine trouée d'une blessure à peine fermée. — Si la Providence n'eût pas amené maître Lanoë, à qui je dois la vie, qui me fit transporter et soigner chez lui à Nantes, je ne serais pas là devant vous ; mais, Raymond est lâche et sa main tremblait, et le ciel a permis que la tombe rendit sa proie pour vous accuser et vous convaincre ; j'ai dit, en outre, qu'Henri de Douges avait volé à Raoul le titre et les domaines de ses aïeux.

— Et cela du moins vous ne le prouverez pas ! — s'écria le vicomte éclatant de rage. — Les actes qui le constatent sont anéantis, je les ai brûlés moi-même ! Vous avez voulu me dépouiller, mais j'ai flairé le piége et j'ai su détourner l'orage.

— Vous vous trompez ! — dit maître Lanoe qui n'avait pas encore ouvert la bouche. — Si vous aviez prêté aux actes que vous avez volés à mon ami l'attention qu'ils méritaient, vous auriez pu voir que ces actes étaient des copies légalisées, c'est vrai, mais n'étaient que des copies ! Les actes authentiques sont en mon pouvoir, les voici, et je ne m'en dessaisirai qu'entre les mains de M. Raoul à qui j'ai bien d'autres comptes à rendre. J'ai acheté pour lui, avec l'argent

que m'a donné sa mère, le château et les
terres d'Escoublac, j'ai administré de mon
mieux le domaine de son père, et j'ai la satisfaction de le lui rendre dans une situation de beaucoup plus prospère qu'elle ne
l'était à cette époque.

— Mon ami, — s'écria Raoul en lui tendant la main, — laissez-moi vous remer-
cier. Excusez surtout ma maladresse et ma
gaucherie, mais mon cœur est tellement
plein que je ne trouve pas d'expressions
pour rendre ma pensée. La situation dans
laquelle je me trouve est pour moi tellement nouvelle que j'ignore comment en
sortir, mais je veux rendre hommage devant
tous à votre probité, maître Lanoë, et sur-

tout à la tendre sollicitude de Pierre Mahé,
au zèle qu'il a déployé pour une cause
qui a failli lui coûter la vie. Je ne saurais
mieux reconnaître tant de soins qu'en lui
continuant ce nom de père que je lui ai toujours donné, et qu'en embrassant en lui le
plus digne et le plus dévoué des hommes.

— Oh ! monseigneur ! — dit Pierre Mahé
à genoux en prenant la main de Raoul.

— Venez dans mes bras, mon père ! —
s'écria Raoul en l'embrassant.

— Ah ! je suis trop payé ! — s'écria Pierre
Mahé en larmes.

— Monsieur le vicomte, — dit le chevalier de Kerlédé en s'adressant à Henri de Douges, — je n'ajouterai aucune nouvelle humiliation à celles que vous vous êtes attirées, ce n'est pas à moi qu'il appartient de vous punir, cela regarde la justice du Roi.

Le chevalier de Kerlédé allait s'éloigner lorsqu'il aperçut Raoul.

— Monsieur, — lui dit-il, — je n'éprouve plus qu'un désir, c'est de vous voir au château de Kerlédé, pour faire une éclatante réparation de mes torts envers vous.

— Je n'en ai gardé aucun souvenir, chevalier, mais je suis heureux que vous vouliez bien m'accueillir.

Le chevalier tendit la main à Raoul qui
la serra avec effusion et sortit, sur-le-champ.

— Mes amis, — dit Raoul, — veuillez passer dans ma chambre, et me laisser seul avec
le vicomte de Douges.

— Jamais, — dit Pierre Mahé ! — Vous
ne le connaissez donc pas, cet homme vous
tuera.

— Je vous en prie, mes amis.

— C'est inutile, — dit Pierre Mahé, —
vous n'obtiendrez pas cela de moi.

— Ah ! je le veux ! — s'écria Raoul en

prenant subitement les allures de son nouveau rôle.

Pierre Mahé s'inclina sans mot dire, et sortit en levant les bras au ciel.

XLI

L'oncle et le neveu.

Dès que Raoul se vit seul avec le vicomte, il ressentit pour cet homme une pitié méprisante qui le désarma. Henri de Douges était lâche, et comme tous les cœurs de cette trempe, il s'était laissé aller à un affaissement profond en présence des preuves multipliées qui se dressaient devant lui pour l'accabler. Il n'affectait plus cet air de superbe audace qu'il déployait tout à l'heure, il se voyait à la merci de Raoul et il tremblait ! Il jugeait les hommes à son point de vue et ne doutait pas que ce jeune homme, qu'il avait cruellement offensé, ne tirât de lui une éclatante vengeance ; mais à l'accablement qui s'était emparé de lui succéda bientôt une rage frénétique, lorsqu'il vit debout et souriant, l'auteur de sa ruine et de son déshonneur prochain.

— Monsieur, — lui dit Raoul, — tous ceux que vous venez de voir sont de mes amis et m'obéiront aveuglément. Je n'ai pas besoin de vous dire que la scène pénible à laquelle nous venons d'assister est déjà oubliée, et que nul ne s'avisera d'en révéler le moindre détail.

Le vicomte releva la tête et regarda Raoul d'un air incrédule et étonné.

— Il est inutile, je pense, de vous en donner ma parole. Outre que j'ignorais que cette scène dût avoir lieu, vous devez comprendre que ce n'est pas moi qui ramasserai de la boue pour la jeter sur le nom de ma mère. Ceci est donc oublié, si vous voulez souscrire aux conditions que je suis forcé de vous imposer.

— Voyons vos conditions, — dit Henri de Douges qui reprit courage.

— Vous habiterez vos terres à l'avenir, sans les quitter jamais.

— Je ne comprends pas bien pourquoi vous m'imposez cette obligation.

— Parce que je désire par-dessus tout ne jamais me retrouver en votre présence, et que de cette façon il me sera facile d'éviter ce désagrément. Du reste, cette obligation ce n'est pas moi qui vous la ferai. Le ministre m'a spécialement chargé de vous remettre l'ordre formel de résider à Douges, et cet ordre, je devais vous le communiquer demain, le voici !

— Disgracié ! — dit sourdement Henri de Douges, — tandis que lui...

— En outre, et c'est à quoi je tiens le plus, vous allez dégager le chevalier de

Kerlédé de la parole qu'il vous a donnée, et renoncer à la main de Blanche.

— Jamais ! — s'écria Henri de Douges. — — Faites de moi ce qu'il vous plaira, attachez mon nom, qui est le vôtre, au pilori de l'infamie, mais j'aime Blanche, je la veux, je l'aurai !

— Ce n'est pourtant qu'à ce prix que je vous laisserai jouir en paix du fruit de vos crimes. Ne sentez-vous donc pas que moi aussi j'aime Blanche à en mourir ! N'avez-vous pas compris que si j'ai eu de l'ambition, c'est parce que je voulais la mériter ! Et aujourd'hui que je suis noble, aujourd'hui que je suis riche, je renoncerais à ce trésor ! Et pour qui ? Pour vous qui avez fait à ma mère, à votre sœur, une vie de deuil et de souffrances ! Pour vous, qui avez voulu tuer l'homme à qui je dois tout ! Ne l'espérez pas ! C'est le seul point sur lequel vous me trouverez inflexible si vous êtes assez aveugle pour ne pas me l'accorder.

— Et c'est pourtant la seule chose que vous n'obtiendrez pas de moi.

— Alors, c'est vous qui l'aurez voulu ! Demain, le parlement de Nantes sera instruit de tous les détails que vous avez entendu raconter tout à l'heure. Dans une heure, les soldats que j'ai amenés auront arrêté et emprisonné Raymond, et vous verrez s'évanouir du même coup tous les rêves chimériques que vous avez caressés.

— Non, — dit Henri de Douges, exaspéré, — je ne subirai pas cette humiliation ! Je ne verrai pas triompher celui que je hais le plus au monde ! Vous êtes né pour faire le malheur de ma vie, vous voudriez me voler mon nom, mes richesses, mon amour.

—Eh ! de tout cela je ne veux que Blanche ! gardez votre nom, gardez vos richesses ! je n'en ai que faire ! Si ce sacrifice vous coûte, acceptez-le en expiation des larmes que vous avez fait répandre !

— Je ne consens à aucun sacrifice, je vous brave, et je vous défie ! Mais vous ne savez donc pas ce que c'est que d'aimer. Si l'on vous demandait de renoncer à Blanche, le feriez-vous ?

— Oh non ! — s'écria involontairement Raoul avec l'accent de la passion. .

— Alors que me demandez-vous ! Ne suis-je pas un homme comme vous ?

— Non, vous n'êtes pas un homme, vous êtes un tigre ! vous ne vous plaisez que dans le sang et le carnage, vous avez semé votre route de cadavres, mais je vous disputerai cette dernière victime.

— Insensé ! — dit Henri de Douges écumant de rage. — Le tigre n'a-t-il pas sa compagne ! Eh bien, soit ! j'ai les instincts sauvages de cette bête féroce, et c'est pour cela que je ne reculerai devant rien ! J'ai semé ma route de cadavres, dis-tu ? C'est vrai, et puisqu'il faut encore une victime à mes féroces passions, c'est toi qui mourras ! Nous sommes seuls , tu es désarmé , et c'est mon épée qui fera la loi. Tu as cru m'imposer un respect imaginaire, et tu t'es sottement livré à ma colère, à ma haine, et lorsqu'elle était assoupie, tu viens la réveiller par d'indignes bravades ! Va ! tu ne jouiras pas longtemps de ton insolente opulence ; tu n'auras entrevu qu'en rêve le bonheur qui t'attendait, car tu vas mourir !

— Lâche ! — répondit froidement Raoul avec l'expression du plus profond mépris.

— A ton tour, renonce à Blanche ! — s'écria Henri de Douges au paroxysme de la colère et tenant à la main son épée nue.

— Jamais ! Plutôt mourir !

— Eh bien, meurs donc ! — dit le vicomte en se précipitant l'épée haute sur son ennemi impassible.

Mais au même instant, la porte s'ouvrit avec fracas, un homme vint se jeter au-devant de Raoul, et l'épée d'Henri de Douges disparut tout entière dans le corps du sauveur que le ciel avait envoyé à son protégé.

L'ermite du bourg de Batz tomba baigné dans son sang.

Pierre Mahé et Lanoë se précipitèrent sur le vicomte qu'ils désarmèrent.

— Que Dieu vous pardonne ainsi que je le fais, — dit l'ermite d'une voix faible. — Je le bénis de m'avoir délivré du fardeau de la vie, et j'implore sa clémence au moment de paraître devant lui ! Repentez-vous, Henri de Douges, rachetez par une vie austère les crimes que vous avez commis et rendez à Raoul...

Il ne put achever ; un flot de sang s'échappa de sa bouche, son corps éprouva un léger frémissement, puis retomba inanimé sur le carreau qu'il avait rougi de son sang.

— Fuyez ! — dit Raoul, — rendez grâce au ciel qui permet à ma colère de se contenir ! Fuyez ! fuyez, vous dis-je, je ne répondrais plus de moi !

Henri de Douges disparut.

— Nous nous reverrons, Raoul d'Escoublac! après le père, le fils, je l'ai juré !

Le lendemain matin Raoul courut embrasser sa mère ; nous n'essaierons pas de
peindre les transports de joie auxquels
donna lieu son apparition pour le cœur de
l'abbesse de Saint-Marc. Elle se dédomma-
gea des privations que sa prévoyante sollicitude avait nécessitées.

Pour la première fois depuis six mois peut-
être, un sourire de bonheur vint errer sur
les lèvres de Blanche lorsqu'elle apprit que
celui qu'elle aimait était non-seulement
gentilhomme, mais appartenait à l'une des
premières familles de Bretagne. Elle trembla pour la vie de Raoul quand celui-ci lui

raconta les humiliations dont le vicomte de
Douges avait été abreuvé, et l'épisode san-
glant qui avait précédé le moment de son
départ et de sa dernière menace.

Trop fier pour rien devoir à la force, dès
qu'il se sentit à même de lutter à armes
égales avec le vicomte, en supposant, ce
qui n'était pas probable, que le chevalier de
Kerlédé fût dans les mêmes intentions vis-
à-vis de sa fille, Raoul résolut de recon-
duire le jour même chez son père la jeune
fille, du sort de qui le ministre l'avait rendu
l'arbitre suprême.

Hector, qui était venu dès le matin embrasser son ami et qui avait juré de ne
point le quitter jusqu'à ce que le vicomte

de Douges eût disparu, assistait en témoin discret à ces doux épanchements ; le calme était revenu après l'orage, l'avénir avait déchiré son voile sombre et semblait leur sourire pour les récompenser des souffrances qu'ils avaient endurées.

Raoul et Hector prièrent donc l'abbesse de Saint-Marc de vouloir bien accompagner Blanche au château. Elle consentit à quitter momentanément sa retraite jusqu'à ce qu'elle eût assuré le sort de ceux à qui elle avait prêté un secours si efficace, et à protéger de sa présence la jeune fille désireuse d'embrasser son père, et de solliciter un pardon accordé d'avance.

Lorsqu'ils eurent franchi la grande avenue

qui conduisait au château et qu'ils pénétrè-
rent dans le parc, le chevalier de Kerlédé,
qui les avait aperçus, vint à leur rencontre et
reçut sa fille à bras ouverts.

— Monsieur le chevalier, — dit Raoul
dès que l'on se trouva réuni dans le grand
salon, — ma mission est terminée. J'avais
pour vous une lettre du ministre à laquelle je me proposais de ne recourir qu'à
la dernière extrémité. Cette lettre vous in-
terdisait formellement de marier Blanche
au vicomte de Douges, en même temps
qu'un ordre dûment-scellé me rendait le
maître absolu de sa destinée. C'est plus
que je n'avais demandé et que je n'avais
espéré; mais aujourd'hui je considère ces
papiers comme inutiles, et je les déchire à

vos yeux. — Et Raoul déchira ces parchemins et en jeta les débris à ses pieds. — J'aime Blanche depuis longtemps, j'ai lieu de croire que j'en suis aimé, et j'ai l'honneur de vous demander sa main.

— Daignerez-vous me pardonner ! — s'écria Blanche rougissant de pudeur et de joie en se jetant aux genoux de son père.

— Mes enfants ! — dit le chevalier en la relevant pour l'embrasser, — n'est-ce pas à moi plutôt de me faire pardonner mon aveuglement et mon sot entêtement. Que cet aveu arraché par la franchise à mon amour-propre vous donne la mesure de mes regrets.

— Assez, mon père ! — s'écria Hector, — nous avons lutté contre votre volonté, mais c'était pour assurer le bonheur de Blanche. Le ciel a permis que notre insubordination produise des résultats inespérés, en donnant à notre ami le rang qu'il avait depuis longtemps conquis dans votre cœur, c'est à nous d'implorer de votre clémence un généreux pardon.

— Oublions le passé, mes chers enfants, et si la colère de Dieu n'est point encore apaisée, supplions-le d'écarter de nous les menaces terribles du vicomte, vis-à-vis de qui je me considère comme dégagé de ma parole.

Alors, prenant dans une de ses mains celle de Blanche, tandis qu'il tendait l'autre à Raoul :

— Soyez heureux, mes chers enfants, — leur dit-il, — et puissiez-vous oublier ma dureté comme j'ai oublié votre résistance, pour ne songer qu'au bonheur qui nous attend.

— Partons donc à l'instant pour le château d'Escoublac, — dit Raoul en souriant, — j'ai hâte de vous faire les honneurs de mes domaines ; Pierre Mahé et Lanoë ont dû préparer tout ce qu'il nous faut, c'est là, je crois, que nous serons plus qu'ailleurs à l'abri de tout danger.

— Allons ! — dit le chevalier de Kerlédé. — Ah ! vous êtes une heureuse mère, — continua-t-il en s'adressant à l'abbesse de Saint-Marc, — et vous êtes bien récompensée des sacrifices que vous vous êtes imposés.

Dix minutes après, le carrosse du chevalier partit pour le château d'Escoublac, emportant la mère et la fiancée de Raoul. Celui-ci caracolait à la portière et souriait à Blanche, tandis qu'Hector, moins amoureux, éclairait consciencieusement la route qu'on avait à parcourir.

XLII

Dans les ruines d'Escoublac.

On arriva sans encombre au château
d'Escoublac, où l'on trouva Pierre Mahé et
Lanoë, qui vinrent recevoir à la porte le
nouveau seigneur du manoir. Le chevalier
de Kerlédé donnait le bras à Blanche et
parcourait les appartements qui étaient en

parfait état de conservation. Lorsqu'on arriva dans le grand salon, la vue du portrait du chevalier d'Escoublac qui s'y trouvait, produisit sur l'abbesse de Saint-Marc un effet terrible. Elle retrouva ses souvenirs vivants d'autrefois, et cédant à un mouvement involontaire, elle saisit Raoul par la main et l'entraînant devant le tableau :

— Remercions ensemble votre père, — dit-elle se précipitant à genoux, — d'avoir veillé sur votre jeunesse, et d'avoir aidé à la confusion de vos ennemis.

— Que de fois, — répondit Raoul, — j'ai contemplé ce portrait ! Pourquoi mes yeux se reposaient-ils plus volontiers sur celui-là que sur les autres ? Je m'explique maintenant l'ardente sympathie qui m'entraînait vers lui, c'est une voix intérieure qui parlait en moi, c'est mon sang qui se réveillait à l'aspect de celui qui m'a donné la vie.

— C'est ici, — dit Pierre Mahé, pour chasser les tristes pensées qui obscurcissaient le front des nobles visiteurs, — c'est ici que le vicomte de Donges est venu braver jusque dans son sanctuaire la victime de sa jalouse envie.

— Comment le savez-vous ? — demanda Hector, — car le vicomte n'a jamais voulu rien dire de ce qui s'était passé dans la nuit du 19 au 20 juin.

— Je le sais parce que j'y étais.

—Vous! Mais alors peut-être pourrez-vous nous expliquer le mystère que personne n'a pu deviner.

— C'est d'autant plus facile, que c'est moi qui ai mystifié le vicomte avec l'aide de maître Lanoë.

— Vous avez parfaitement réussi, mais par quel moyen? — demanda le chevalier de Kerlédé.

— Je vais vous le dire : Le vicomte s'était installé dans le grand fauteuil que vous voyez près de la table, sur laquelle il avait posé ses pistolets et son épée ; mais il fut pris d'un sommeil invincible et s'endormit, ce qui favorisa admirablement le plan que nous avions conçu. Je savais que le vicomte devait passer la nuit ici, et je m'y étais rendu par un chemin secret. Lorsque j'arrivai, le vicomte était déjà installé et dormait; l'idée me vint de m'emparer de ses armes, je me dirigeai avec la prudente adresse d'un voleur émérite vers la table sur laquelle il les avait posées, je m'enfuis avec les mêmes précautions; à peine étais-je sorti, que je me pris à réfléchir que je dépassais le but et qu'il valait bien mieux lui laisser ses armes et les rendre inoffensives. Je me contentai donc de garder son épée, et j'eus soin d'extraire des pistolets les deux balles qui s'y trouvaient. Je réussis à les replacer sur la table avec le même bonheur, mais le vicomte se réveilla au moment où je refermais la porte de l'issue secrète par laquelle j'avais pénétré.

— Je m'explique maintenant pourquoi les deux coups de feu que j'entendis ne produisirent que du bruit, sans cela votre retraite était compromise !

— Oh ! — dit Pierre Mahé, — ce n'est pas à ce moment-là que le vicomte fit feu, c'est dans la chapelle.

— Sur qui alors ? — demanda Hector.

— Au moment où le prêtre, que nous amenions avec nous tous les ans, récitait l'office des morts, le vicomte pénétra dans la chapelle. Maître Lanoë servait pieusement la messe, tandis que je m'étais réservé un rôle plus actif destiné à m'éclairer sur la culpabilité réelle du vicomte, dont je n'avais pas encore de preuves. Au moment donc où il pénétra dans la chapelle, je soulevai la dalle d'un tombeau, je m'avançai vers lui revêtu des habits de feu le chevalier d'Escoublac, le visage couvert d'un masque de velours noir.

— De quel droit venez-vous troubler la cendre de votre victime? — lui dis-je.

— Je viens faire cesser une comédie qui épouvante les niais et dont je ne suis pas dupe.

— Sortez!... laissez reposer en paix l'âme

de celui que vous avez fait assassiner, — et je m'avançai vers lui.

— D'Escoublac ! — s'écria-t-il, — il est vivant !

— A mesure que je m'avançais, je le voyais pâlir et trembler, — continua Pierre Mahé, — j'étais à trois pas de lui, j'allais le toucher.

— Homme ou esprit, — dit-il, — ange ou démon, je saurai de quel limon tu es pétri.

C'est à ce moment-là qu'il déchargea coup sur coup ses deux pistolets, dont je sentis les bourres frapper mes vêtements. Mais lorsqu'il vit que je m'avançais toujours vers lui, quand il se trouva désarmé, la peur s'empara de lui au point de lui faire complètement perdre la tête.

— Je ne l'ai pas tué! — s'écria-t-il, — je ne l'ai pas tué! Voilà pourtant deux fois!

— Je le poursuivis de mes cris et de mes menaces, jusqu'à la porte du château, et quand j'entendis se perdre dans le lointain le bruit de sa course précipitée, je revins demander pardon à Dieu du rôle impie que je venais de jouer, et je me retirai après la célébration du service funèbre.

Chacun s'égaya de son mieux aux dépens du vicomte, et félicita Pierre Mahé de l'adresse et de la fermeté qu'il avait déployée dans cette occasion. Enfin l'on se mit à table, et on célébrait dignement l'installation récente de Raoul, lorsqu'un des valets, envoyés d'avance par Pierre Mahé, remit une lettre à Raoul. Celui-ci la décacheta avec quelque étonnement, mais son visage s'illumina d'une joie subite; il tendit le message au chevalier de Kerlédé, qui le lut tout haut avec un dédain profond. Voici ce que contenait cette missive :

« Mon cher neveu,

« J'ai gravement réfléchi depuis hier aux « propositions que vous m'avez faites. Je « consens à tout !

« Je viendrai donc demain matin vous
« apporter mon désistement formel à la main
« de mademoiselle Blanche de Kerlédé, en
« échange de la renonciation absolue de vos
« droits sur le titre et les domaines de ma
« vicomté.

        « Votre oncle,

        « Vicomte HENRI DE DOUGES. »

Le chevalier de Kerlédé, à qui se joigni-
rent tous les assistants, voulut en vain faire
renoncer Raoul à accomplir l'acte que le vicomte lui demandait.

— Je l'ai promis hier, — dit-il simple-

ment. — Or, j'ai toujours tenu ma parole,
ce n'est pas aujourd'hui que j'y manque-
rai.

— Ah ! je me sens fière et heureuse !
— dit Julie de Douges en embrassant son
fils.

La nuit se passa tranquille, malgré l'ouragan furieux qui se déchaînait au dehors,
mais quel funeste spectacle attrista le réveil
des habitants du château ! en vain le regard
interrogeait-il l'espace, En vain cherchait-on
la place où fumaient encore hier les chaumières environnantes, le village d'Escoublac
avait disparu !

Pour quiconque ne connaît point cette

partie de la Bretagne, le fait que nous venons d'avancer peut paraître invraisemblable, mais outre qu'il est facile de s'assurer de la véracité de cette assertion, il n'y a qu'à regarder le sol pour s'en convaincre par les yeux.

Le terrain qui borde la mer n'est, en effet, qu'un gigantesque monceau de sable relié par une pauvre végétation de petites plantes, dont les racines multiples sont parvenues à lui donner une densité relative. Mais il arrive tous les jours, même par des brises insignifiantes, que ce terrain se morcelle par atomes imperceptibles, que le vent emporte à sa guise et vous souffle à la figure. Un homme qui, par une forte brise, resterait couché deux heures dans le sol sablonneux

dont nous parlons, serait certainement sub-
mergé par cette mer d'un nouveau genre,
dont le zéphir ride la surface et dont la tem-
pête soulève les profondeurs. Chacun connaît du reste les effets du simoun dans les
déserts de l'Afrique, on sait que des carava-
nes ont péri victimes de ce fléau et de cet
ouragan terrestre.

Or, ce jour-là, le vent souffla de la mer
avec telle force, qu'il ébranla dans sa base
le sable accumulé par les siècles, et qu'il en-
sevelit de cette façon le village d'Escoublac
sans qu'aucun de ses habitants s'en aperçût.
Hâtons-nous de dire que les chaumières
n'ont généralement qu'un rez-de-chaussée
fort peu élevé.

On essaya en vain de porter secours aux

êtres vivants engloutis dans les abîmes de cette mer solide, à mesure que l'on creusait, le sable retombait et venait combler le trou qui avait occasionné tant de peines et de sueurs ; tous les efforts furent inutiles. Pourtant, au bout de quatre jours d'une persistance surhumaine, on réussit à pénétrer dans une chaumière située plus avant que les autres dans l'intérieur des terres. Un spectacle terrible s'offrit aux regards de ceux qui avaient risqué leur vie pour assister à ce tableau navrant.

Deux cadavres gisaient sur le sol, les membres crispés, la figure contractée, et couverts tous les deux de cruelles morsures. Sur une table, placée dans l'unique pièce de cette maison, étaient plusieurs bouteilles vides, dont quelques-unes avaient été renversées, ainsi que les escabeaux, révélant une lutte horrible.

C'étaient le vicomte de Douges et son valet de chambre Raymond ! A en juger par l'affreux désordre qui régnait autour d'eux, on supposa qu'ils s'étaient enivrés d'abord, puis que, cédant aux angoisses de la faim, ils avaient commencé la lutte sinistre dont le résultat frappait les yeux. Ils avaient cherché dane les ténèbres à s'étouffer et à se dévorer l'un l'autre. Les morsures dont ils étaient couverts, la bouche encore sanglante des victimes de cet affreux bouleversement, révélaient l'agonie terrible qui avait précédé une mort plus terrible encore.

Chacun contemplait avec une stupeur

profonde le lugubre tableau de ces infer-
nales tortures, la consternation des habitants
du château d'Escoublac était surtout empreinte d'un recueillement religieux.

— Prions pour eux ! — s'écria Pierre
Mahé, — l'homme doit s'humilier et prier
partout où passe la justice de Dieu !

Dix ans après, — continua le vicomte, —
Raoul d'Escoublac, qui avait hérité des
biens de son père, de ceux de sa mère et de
ceux de son oncle, mourait assassiné.

— Assassiné ! — dit Charles qui avait
écouté cette longue histoire avec l'attention
la plus vive et la plus soutenue.

— Oui.

— Et sa femme ?

— Elle mourait le même jour, victime du même crime. Ils avaient un jeune enfant, aucun proche parent ne leur restait, l'enfant eut un tuteur officiellement nommé.

En achevant ces mots, le vicomte ferma le livre qu'il tenait.

— C'est fini? — demanda Charles.

— Oui.

— Mais quel lien existe-t-il entre toute cette histoire et celle de Lambert d'Arcourt, et la tienne enfin?

— Je vais te le dire. Écoute encore!

— J'écoute.

— Henri de Douges avait un fils naturel, Raymond avait un fils légitime. Ces deux enfants avaient hérité de tous les vices de leurs pères dont ils connaissaient tous les secrets. Devenus hommes, ils avaient commencé leur œuvre en assassinant Raoul et Blanche. Ils espéraient faire disparaître l'enfant, et grâce à de faux titres fabriqués habilement et qui déclaraient Albert comme l'enfant reconnu du vicomte de Douges, et par conséquent pour le cousin de Raoul, ils pensaient accaparer l'immense fortune.

Heureusement Dieu ne permit pas l'accomplissement de ce crime. Le fils de Raoul grandit, se maria et eut à son tour une postérité imposante.

Raymond et Albert, eux aussi, laissèrent des descendants.

Tu as entendu parler de la *Vendetta corse*, laquelle se transmet de génération en génération jusqu'à extinction complète d'une race ?

— Oui.

— Eh bien ! ici arriva la même chose, — mais au lieu de désir de vengeance, il y avait désir de s'approprier le bien d'autrui.

De ces enfants de Raymond, confident et complice du vicomte, et de ceux d'Henri de Douges, naquit une postérité pour laquelle le crime fut une loi impérieuse. Les représentants aujourd'hui de cette postérité, sont ce Raymond que tu connais, un nommé Lécrou, puis un vieillard connu sous la dénomination du père Gaspard et un autre dont je te révèlerai tout à l'heure l'existence.

Les descendants de M. d'Escoublac sont

Lambert d'Arcourt, Eulalie, la femme de Raymond et M. de Grandier.

A celui-là on a volé réellement ses enfants dont trois sont morts, et dont le dernier vivant est Adolphine, la jeune fille que M. Buchené a fait passer pour sienne en acceptant une somme considérable.

Veux-tu connaître toute la vérité? je vais te la dire : l'assassin de Raoul d'Escoublac a laissé un descendant direct : ce descendant, malheureux enfant d'une race maudite, sait que les preuves matérielles du crime de son père existent et sont entre les mains d'un homme qui peut déshonorer le nom qu'il porte.

Je connais tous les fils de l'intrigue nouée

autour de Lambert, d'Adolphine et du comte de Grandier.

J'ai les preuves, moi, de l'infamie de leurs persécuteurs à tous.

— Et tu n'as pas agi? — s'écria Charles.

— Je ne pouvais agir.

— Pourquoi?

— Parce que je livrais mon nom au déshonneur.

— Ton nom?

— Oui!

— Comment cela?

— Écoute, Charles... Les preuves des crimes de Raymond sont là !

Et Georges désigna un paquet de papiers qu'il alla prendre dans un meuble.

— Là aussi, — continua-t-il, — sont les preuves qu'Eulalie n'a jamais été mariée légitimement à Raymond : que ce mariage contracté aux Colonies, sans avoir accompli les formalités voulues, est illégal.

Là, sont les preuves que les véritables descendants des d'Escoublac sont ceux que je t'ai nommés et un autre encore, le vieux militaire dont la famille m'a prodigué ses soins.

Là, sont les preuves qu'Adolphine n'est pas la fille de Buchené, qu'elle a été volée à son véritable père le comte de Grandier, et que mariée avec le consentement d'un autre que son père légitime, elle est libre comme l'est Eulalie.

Là, enfin, sont les preuves de la ténébreuse association formée par Raymond, Lécrou et Gaspard...

Tout est là, Charles, prends tout !... Agis en conséquence, punis les coupables, sauve les innocents du malheur.

— Mais comment as-tu ces preuves? — demanda Charles.

— Comment je les ai ?

— Oui !

Georges se leva précipitamment.

— Je suis un misérable ! — dit-il, — j'ai été longtemps le complice de Raymond sans que lui-même le sût... je suis le descendant de l'assassin de Raoul d'Escoublac...

Voici les preuves encore de mon infamie et de l'infamie de mes pères... Je vais payer la dette de ma famille... Adieu, Charles !... prie pour moi ; cette fois je n'échapperai pas !

Et Georges s'élançant, saisit un pistolet placé sur le meuble dans lequel il avait pris les papiers, et s'appuyant le canon sur le front, par un geste plus rapide que la pensée... il fit feu...

Charles poussa un cri... bondit vers son ami...

Il était trop tard !

. . . .

Six mois après, un jeune homme et une jeune femme se promenaient, amoureusement enlacés, sur le magnifique rivage de la baie d'Algésiras.

Le jeune homme était Lambert d'Arcourt, — la jeune femme était Adolphine.

Le mariage de celle-ci avait été annulé, mais Lambert avait voulu quitter la France avec celle dont il pouvait faire sa femme devant Dieu et devant les hommes.

Tous deux étaient en grand deuil, le

comte de Grandier était mort et Adolphine, reconnue pour sa fille, avait hérité de son immense fortune.

Lambert tenait une lettre à la main : le courrier venait d'arriver à Gibraltar, et avait apporté la missive que lisait le jeune homme.

— Raymond a été condamné ainsi que Lécrou, — dit-il.

Le père Gaspard a disparu....

— Et Eulalie? — demanda Adolphine.

— Elle a pris le voile,

— C'est là tout ce que te dit ton ami Charles?

— Il me parla encore du vieux militaire auquel j'ai fait accepter une modeste pension. Le pauvre homme nous bénit chaque jour. Et...

— Quoi? — demanda Adolphine en voyant son mari s'arrêter.

— Il y a encore une autre lettre.

— Pour qui?

— Pour toi?

— De qui donc?

— Lis !

Lambert tendit la lettre à sa femme, celle-ci la prit vivement, rougit en interrogeant l'écriture et brisa le cachet.

Elle se mit à lire à voix basse, puis une larme mouilla sa paupière.

— Pauvre femme ! — murmura-t-elle.

— Quoi ! — dit Lambert.

— Tu m'as annoncé qu'Eulalie avait pris le voile, et moi je t'annonce qu'elle est morte...

— Morte !

— Oui !... cette lettre, commencée par elle, a été terminée par le prêtre qui lui a donné l'absolution. Elle est morte, et sa dernière pensée a été pour toi : elle me conjure de te rendre heureux.

Lambert saisit sa femme, l'attira doucement et la pressa sur sa poitrine.

FIN.

TABLE

DU NEUVIÈME VOLUME.

—

Sceaux, imprimerie de E. Dépée.